LES HÉROS DE LA CITÉ DE LA JOIE

*A ma femme, qui
a partagé chaque heure
de cette enquête
et photographié tant de
ces visages aimés,
et à toutes
« les Lumières du monde »
que nous avons eu le
privilège de rencontrer.*

« Tout ce qui n'est pas donné est perdu. »

Proverbe indien

DU MÊME AUTEUR :

LA CITÉ DE LA JOIE (Robert Laffont)
UN DOLLAR LES MILLE KILOMÈTRES (Grasset)
LUNE DE MIEL AUTOUR DE LA TERRE (Grasset)
EN LIBERTÉ SUR LES ROUTES D'U.R.S.S. (Grasset)
RUSSIE PORTES OUVERTES (Éditions Vie, Lausanne)
CHESSMAN M'A DIT... (Del Duca)

Avec la collaboration de Stéphane Groueff :

LES CAÏDS DE NEW YORK (Julliard)

Avec la collaboration de Larry Collins
chez Robert Laffont :

PARIS BRÛLE-T-IL ?
... OU TU PORTERAS MON DEUIL
Ô JÉRUSALEM
CETTE NUIT LA LIBERTÉ
LE CINQUIÈME CAVALIER

ISBN 2-221-05191-2

LES HÉROS DE LA CITÉ DE LA JOIE

Un hymne à la vie, une leçon d'espérance pour tous les hommes

PAR

DOMINIQUE LAPIERRE

EDITIONS ROBERT LAFFONT
PARIS

Textes et illustrations :
DOMINIQUE LAPIERRE
à l'exception des photographies suivantes :
couverture (bd) : J.-L. Atlan–Sygma ; 21, 62, 63 : Raghubir Singh ; 66 (h), 66 (bg), 67 (h), 68 (h), 68 (b), 69 (h), 69 (bd) : Pierre Amado ; 113, 124 : D.R.–Sygma ; 137 (h), 141 : Eddie Adams–Parade ; 138 (h) : Antoine Boucherit ; 145, 148 (h) : Foto Felici Roma ; 146, 147 (h) : Patric Robert–Sipa ; 147 (b) : G. Demais & P. Poullain–Laffont ; 148 (b) : DR–Doubleday.

Couverture :
SERGE PERONNET

Conception et réalisation :
BARBARA KAMIR

Direction artistique :
SERGE PERONNET

Collaboration technique :
CLAUDE CHAPUIS
FRANÇOISE RADUX

S O M M A I R E

RENCONTRE AVEC DES LUMIÈRES DU MONDE

Ma première visite fut pour Mère Teresa qui incarne ici l'amour et la charité.

Cet album est le fruit d'une rencontre entre un modeste appareil de photos à cinq cents francs et les personnages et les décors d'une épopée. Avec mon stylo et mon carnet de notes, cet instrument a été l'inséparable compagnon de mon enquête au milieu des pauvres de Calcutta. Je voulais que ses photographies me servent de témoignages pour la rédaction de mon livre *la Cité de la Joie*, que les visages et les scènes qu'il enregistrerait sur le vif soient, dans leur tendre et cruelle vérité, les auxiliaires de ma plume et de ma mémoire. Pendant les longs mois de travail où j'ai peiné dans ma maison de Ramatuelle à tisser les fils de *la Cité de la Joie*, ces images ont donc quotidiennement ressuscité sur le petit écran de mon bureau les inoubliables souvenirs de ces hommes, de ces femmes et de ces enfants que le religieux Paul Lambert appelle les « Lumières du monde ».

Tout d'abord, comme pour *la Cité de la Joie*, je voudrais mettre en garde les lecteurs de ce nouveau récit contre un danger d'extrapolation abusive. Ce reportage illustré ne constitue en aucune façon un témoignage sur l'ensemble de l'Inde. Il ne concerne qu'un petit groupe de naufragés qu'une nature implacable et des circonstances inhumaines ont arrachés à leurs campagnes et projetés dans une ville qui a poussé la volonté d'accueil au-delà de l'imaginable.

Je suis heureux et fier de l'offrir comme un nouvel hommage à ces hommes que je considère comme de vrais héros de notre temps. Des héros inconnus que j'ai eu le privilège de rencontrer au cours d'une aventure personnelle devenue pour moi un engagement. Voici comment.

Un jour de 1981, je débarque avec mon épouse à Calcutta. Pour une fois, aucun objectif littéraire n'inspire ce voyage : je me suis provisoirement séparé de mon frère d'écriture Larry Collins pour réaliser quelques projets personnels qui me tiennent à cœur depuis longtemps. Huit ans plus tôt, Collins et moi avions découvert l'Inde à l'occasion d'une passionnante enquête de deux ans pour écrire *Cette nuit la liberté*, le récit de la fin de l'Empire britannique des Indes et de la croisade du Mahatma Gandhi pour la liberté de son peuple. Deux années de rencontres inoubliables avec la beauté, la générosité et la culture de tout un continent. Le succès mondial qui salua notre ouvrage m'incita à exprimer par un geste ma gratitude envers tous ceux qui m'avaient reçu et choyé. Je prélevai donc une somme sur mes droits d'auteur pour l'offrir à une œuvre charitable indienne dans le besoin, soignant des hommes atteints d'un mal contre lequel Gandhi s'était farouchement battu : la lèpre.

Avec ses cent mille lépreux et ses cinq millions de naufragés entassés dans quelque trois mille bidonvilles, Calcutta ne devait pas manquer d'institutions auxquelles ma petite contribution serait utile. Ma femme et moi prenons donc l'avion pour ce grand port à l'autre extrémité de l'Inde. Sitôt arrivés, nous courons frapper à la porte d'une vaste bâtisse grise, en plein cœur de la ville. Une simple plaque de bois sur le seuil indique « Mother Teresa ». C'est en effet à la sainte de Calcutta que je veux demander conseil pour l'emploi de mes fonds. Je tire une ficelle qui fait tinter une sonnette à l'intérieur. Le visage très foncé d'une jeune sœur indienne en voile blanc au liséré bleu apparaît. Jaillissent aussitôt des ténèbres derrière nous des ombres faméliques qui tentent de se glisser dans l'entrebâillement. La sœur les repousse gentiment en leur indiquant où trouver les centres de secours. Au premier étage, la chapelle : une vaste salle très dépouillée aux fenêtres grandes ouvertes sur le vacarme de la ville qui s'éveille. Sur le mur derrière l'autel, un simple crucifix de bois surmonté de l'inscription « J'ai soif ».

J'ai soif ! Quelle émotion de découvrir alors, agenouillée au fond de la pièce sur un vieux sac de jute rapiécé, celle qui depuis trente ans étanche ici la soif de Jésus crucifié. Oui, quelle émotion de contempler cette vieille femme ridée comme une

Ma femme et moi avons passé le Noël le plus émouvant de notre vie au milieu des enfants du hameau de Jikhira. Grâce aux travaux d'irrigation financés par des dons français, leurs parents ne seront pas obligés d'émigrer vers Calcutta.

J'ai rempli des cahiers entiers en écoutant les récits de Paul Lambert.

noix, toute ratatinée sur elle-même, les lèvres frémissantes d'une prière perpétuelle. Quelques minutes plus tard, elle nous rejoint dans son petit parloir. Fichier vivant de toutes les souffrances du monde, elle n'a pas besoin de beaucoup d'explications.

– C'est Dieu qui vous envoie ! dit-elle après avoir écouté mes brèves explications.

– Ma mère, ce n'est qu'une goutte d'eau dans l'océan des besoins, dis-je, confus.

– Mais si cette goutte d'eau n'était venue rejoindre l'océan, elle lui manquerait, réplique Mère Teresa.

Le soir même, un visiteur se présente à notre hôtel. En quinze ans, l'Anglais James Stevens, un ancien marchand de chemises prospère de Londres, a arraché à la misère et à la mort plusieurs milliers d'enfants de lépreux croupissant dans les bidonvilles de Calcutta. Pour accomplir cet exploit, il a vendu tous ses biens et a tout quitté. Il a loué une grande maison avec un jardin dans la banlieue de Calcutta qu'il a baptisée du joli mot hindi de *Udayan* (Résurrection).

Cet apôtre est ce jour-là un homme brisé. En quinze ans, il a épuisé toutes ses ressources et n'a pu trouver d'aide financière pour poursuivre son œuvre. Il va devoir fermer son foyer et renvoyer à leur déchéance les cent cinquante enfants qui s'y trouvent. Un îlot de lumière au cœur de la misère absolue va disparaître.

Ma femme et moi sommes bouleversés. Aucune hésitation : c'est à ce saint inconnu dont aucun journal n'a jamais mentionné le nom ni publié la photo qu'ira ma goutte d'eau. Elle va permettre d'éponger les dettes les plus criantes et de faire vivre le foyer pendant quelques mois. Mais après ? Avant de quitter Calcutta, nous jurons à James Stevens qu'il ne fermera pas son foyer. Nous savons que nous n'aurions jamais eu le courage de réaliser ce qu'il a fait. Mais peut-être y a-t-il des choses que lui ne peut accomplir et que nous, nous allons pouvoir faire.

A notre retour en France, nous fondons une association de soutien et j'écris un article dans le magazine *la Vie*. A la fin de mon reportage, je lance un appel : si nous sommes trois mille à envoyer chaque année trois cents francs – le prix d'un bon repas dans un restaurant – nous pouvons tous ensemble sauver cent cinquante enfants de lépreux. Dans les jours et les semaines qui suivent, des sacs postaux entiers nous parviennent. Notre concierge est au bord du suicide. Plus de cinq mille lettres et paquets avec des chèques, des titres boursiers, des bons du Trésor, des bijoux et même un lingot ! Et de merveilleux témoignages d'encouragement. Quatorze secrétaires bénévoles, dont les cinq sœurs de mon épouse, viennent jour et nuit dépouiller ce raz de marée d'amitié et de partage, et constituer le fichier de notre association baptisée **« Action pour les enfants des lépreux de Calcutta (1) »**. Nous avons transformé une pièce de notre appartement en centre de tri. Pas question en effet de louer un bureau, d'engager du personnel ni de distraire le moindre centime de sa vraie destination : les enfants des lépreux de Calcutta. En cinq ans, le foyer Résurrection recevra près d'un demi-milliard de centimes. Il pourra s'installer à la campagne, construire des bâtiments neufs, créer une exploitation agricole. Et recueillir cinquante enfants de plus.

Nous voilà donc, ma femme et moi, les heureux parents d'une deuxième famille à Calcutta, une grande famille de deux cents petits Indiens qui dépendent beaucoup de nos virements mensuels pour leur santé, leur bien-être, leur épanouissement. Nous retournons les voir à chaque occasion. C'est au cours d'une de ces visites, en février 1982, que se produit l'événement qui va consacrer mon engagement envers les déshérités et les pauvres de la grande ville indienne. Un jour, James Stevens nous emmène dans l'un des bidonvilles où il a recueilli quelques-uns de ses premiers pensionnaires. L'endroit porte le nom paradoxal d'*Anand Nagar* (la Cité de la Joie).

(1) *26, avenue Kléber, 75116 Paris - CCP 1590 65 C PARIS*

Ma femme Dominique a accompagné l'apôtre de la Cité de la Joie dans ses tournées d'inspection sanitaire à travers le bidonville. Pour communiquer avec les habitants, son sourire compensait toujours son ignorance des différents langages.

Au premier coup d'œil, l'endroit ressemble davantage à une cité ouvrière qu'à un bidonville : ruelles rectilignes, maisons basses construites en rectangle autour d'une petite cour, toits de tuiles. Mais la réalité efface bien vite l'illusion. Et quelle réalité ! La plus forte concentration humaine de la planète : soixante-dix mille personnes entassées sur un espace à peine plus grand que trois terrains de football ; un environnement si chargé d'oxyde de carbone et de soufre que la pollution tue ici au moins une personne par famille ; des taudis sans eau, ni électricité, ni fenêtres ; des ruelles creusées d'égouts pestilentiels à ciel ouvert.

Ajoutez la fournaise du climat qui pétrifie sur place hommes et bêtes huit mois de l'année durant ; la mousson qui transforme chaque été ruelles et gourbis en lacs de boue et d'excréments ; les maladies et épidémies qui réduisent l'espérance de vie à l'un des niveaux les plus bas du monde ; la cohabitation obligée avec huit mille cinq cents vaches et bufflesses qui donnent un lait infesté de microbes ; les colonies de rats, de scorpions, de cafards et d'insectes divers qui peuplent les charpentes des taudis. Ajoutez encore qu'ici neuf habitants sur dix n'ont pas une roupie par jour (quatre-vingts centimes) pour s'acheter trois cents grammes de riz, et vous aurez une idée générale du sort réservé aux malheureux naufragés de ce bidonville.

Nous avons suivi Mère Teresa pendant des journées entières. Partout, la sainte de Calcutta a pris le temps de nous expliquer le sens de son action.

Car il s'agit bien de naufragés : presque tous sont d'anciens paysans chassés de leur terre par quelque fléau climatique – sécheresse, cyclone, inondation ou autre – dont cette région du monde détient la triste palme planétaire.

Aucun doute possible : ce bidonville est un morceau d'enfer où tout concourt à la déchéance et à la destruction de ceux qui l'habitent. Et pourtant... Le fondateur du foyer Résurrection nous mène à travers les ruelles grouillantes jusqu'au fond d'une des courées. Là, au milieu des rats, de la vermine et d'une centaine d'habitants, dans une pièce de deux mètres sur un mètre cinquante sans eau, ni électricité, ni fenêtre ; sans aucun meuble, pas même un lit de camp, vit un autre apôtre de cette ville magique de Calcutta qui, dans son inhumanité, semble douée du pouvoir de fabriquer des surhommes.

Agé de trente-huit ans, visage émacié mais rayonnant, le religieux Paul Lambert partage depuis déjà douze ans la vie des pauvres de la Cité de la Joie. Non pour les convertir, mais pour lutter et espérer avec eux. « Je vis leur vie, nous dira-t-il simplement. Leur vie dont je hais les oppressions, les misères, les inégalités et toutes les sources d'humiliations.Mais leur vie que j'aime. Leur vie que j'admire. »

Lambert nous présente à ses voisins de souffrance, nous escorte à travers son royaume de misère. Un pourrissoir, ce royaume ? Une fourmilière en folie, plutôt. Partout, devant le seuil de chaque masure, au pied de chaque échoppe, dans une succession de petits ateliers ou de mini-fabriques, nous découvrons des gens occupés à vendre, marchander, produire, bricoler, réparer, trier, nettoyer, clouer, coller, percer, porter, tirer, pousser. A tout instant, nous croisons une procession, surprenons une fête, tombons sur un autel ou un petit temple. Deux cents mètres d'exploration, et nous sommes comme ivres ! Cette Cité de la Joie est un laboratoire de survie, une cathédrale de foi et d'espérance.

Nous revenons le lendemain, les jours suivants. Pour découvrir d'autres êtres de lumière. Comme cette jeune infirmière assamaise de vingt-deux ans, Bandona, descendue des plateaux de l'Himalaya pour soulager les détresses des emmurés du bidonville. Ou Margareta, une jeune veuve qui recueille les orphelins dans son taudis. Ou Ashish et Shanta Gosh, un jeune ménage qui passe son temps libre à panser les plaies des lépreux de la petite colonie au bout du bidonville. Ou cette petite Padmini qui, avec sa fleur dans les cheveux, part à l'aube glaner entre les rails des voies ferrées des morceaux de charbon tombés des locomotives. Ou ce jeune Nissar qui emmène chaque matin sa bande de petits chiffonniers à la chasse au trésor sur les montagnes d'ordures de la décharge de Calcutta. Ou ce gamin qui, douze heures durant, plonge des stylos à bille dans un bain d'aluminium aux vapeurs mortelles. Ou ce chômeur musulman qui vient le soir méditer devant l'image du Saint-Suaire de Turin accrochée dans la chambre de Lambert. Ou ce tireur de pousse-pousse qui crache chaque nuit ses poumons pour s'être éreinté dans l'enfer de la mousson afin de payer la dot du mariage de sa fille. Ou tous ces esclaves des ateliers-bagnes, enchaînés à leurs machines. Ou cette vieille lépreuse aveugle en prière perpétuelle pour les souffrances des autres. C'est sûr : tous ces gens et leurs milliers de frères sont les acteurs anonymes d'une prodigieuse épopée de la survie, l'illustration vivante de l'affirmation du grand poète indien Tagore : « Le malheur est grand, mais l'homme est plus grand que le malheur. »

Des héros vraiment les fourmis de ce mouroir ? Un épisode de la vie de Lambert achève de m'en convaincre. Quelques jours après son arrivée dans le bidonville, des

Dans son Foyer du Cœur Pur, Mère Teresa recueille les moribonds ramassés sur les trottoirs. Soignés, la moitié d'entre eux repartent guéris. Les autres y meurent en paix baignés d'amour.

voisins se présentent à l'entrée de sa chambre :

— Grand Frère Paul, déclare l'un d'eux, nous voudrions réfléchir avec toi à la possibilité de faire quelque chose d'utile pour nos frères d'ici.

Quelque chose d'utile ? Lambert le sait déjà : dans ce goulag rongé de tuberculose, de lèpre, de dysenterie, d'ulcères, où toutes les maladies de carence réduisent l'espérance de vie à moins de quarante ans, tout est à faire. Il faut un dispensaire et une léproserie. Il faut distribuer du lait aux enfants mourant de malnutrition, installer des fontaines d'eau potable, multiplier les latrines, expulser les vaches et les bufflesses propagatrices de tuberculose.

— Je suggère que chacun de vous fasse un sondage autour de lui afin que nous déterminions les urgences prioritaires des gens d'ici, répond Lambert.

Les résultats arrivent trois jours plus tard. Ils sont concordants et unanimes. Les véritables nécessités pressantes des habitants de la Cité de la Joie ne sont pas celles qu'imaginait le religieux. Ce ne sont pas les conditions matérielles de leur vie que veulent d'abord changer les affamés du bidonville. La nourriture qu'ils attendent avidement n'est pas destinée aux corps rachitiques de leurs enfants

Nous voici, ma femme et moi, avec notre ami James Stevens et quelques-uns des pensionnaires du foyer « Résurrection » qu'il a créé en 1969 pour y soigner et éduquer des enfants parmi les plus défavorisés. Ces bâtiments ont pu être construits grâce aux dons reçus par l'association française « Action pour les enfants des lépreux de Calcutta ».

mais à leur esprit. Ils veulent une école.

C'est décidé. Après *Paris brûle-t-il ?*, *Ô Jérusalem*, *Cette nuit la liberté*, ces récits historiques qui reconstituaient le combat de millions d'hommes pour leur liberté, c'est la bataille anonyme des soixante-dix mille inconnus de la Cité de la Joie que je vais raconter. La saga de ces êtres sans voix ni visages qui ont eu le malheur de naître dans une région maudite de notre planète, mais dont le courage, l'amour, la foi et la dignité sont des exemples pour tous les hommes de notre temps. Et d'abord pour nous, les nantis, qui ne savons plus ni la valeur des choses, ni apprécier notre bonheur quotidien.

Des rencontres parfois tragiques au coin d'une ruelle, comme cette femme qui montre à Paul Lambert son bébé atteint de malnutrition.

Mon enquête durera deux années. Deux années difficiles, parfois terribles, confronté à la vraie misère. Mais deux années de découvertes et de bonheur aussi, au contact de valeurs humaines et spirituelles insoupçonnées, d'êtres qui ne me demanderont jamais rien mais me donneront toujours. Au point que mon épouse devra inventer un prétexte pour empêcher que des inconnus ne se privent de leurs ultimes ressources pour m'honorer au fond de leurs pauvres taudis des marques traditionnelles de l'hospitalité indienne. A chaque fois que nous entrions dans l'un d'eux, elle annonçait : « S'il vous plaît, n'offrez ni thé, ni café, ni friandises à mon mari, car aujourd'hui il jeûne. » Superbe excuse si accessible à ces familles dont les femmes s'abstiennent un jour par semaine de toute nourriture pour demander aux dieux de préserver la santé de leur mari.

Bien sûr les rats, les scolopendres, l'impossibilité absolue de s'isoler, les odeurs pestilentielles, le perpétuel vacarme, la queue aux latrines dès quatre heures du matin parce qu'il n'y en a qu'une pour trois mille habitants, la toilette en public, les ragoûts de couenne de buffle du gargotier musulman, les obsédantes quintes de toux nocturnes des tuberculeux, ne furent pas toujours des épreuves faciles à supporter. Mais que sont vraiment de telles difficultés quand on sait qu'à tout moment on peut changer d'univers, sauter dans un taxi, aller se plonger dans la mousse d'un gigantesque bain, avaler un double scotch et déguster un succulent poulet tandoori dans le palace cinq étoiles le plus proche ?

Alors que la seule vraie épreuve, c'est de savoir qu'on est prisonnier de ce pourrissoir, qu'on ne pourra jamais s'en échapper. Certitude qui rend d'autant plus émouvants les sourires et la joie de beaucoup des images qui vont suivre. Des images que je dédie avec respect et tendresse à toutes les lumières du monde de ce coin de notre planète appelé la Cité de la Joie.

Dominique Lapierre

L'ÉTERNELLE VILLE MIRAGE

Extraordinaire ! Celle qui incarna la domination du monde par l'homme blanc règne toujours sur son trône de marbre au cœur de Calcutta. Pour les millions de paysans pauvres venus chercher dans la ville mirage quelques miettes pour survivre, la statue de l'impératrice Victoria

sur son trône témoigne du passé prestigieux de cette métropole dont ils ne connaîtront que les trottoirs et les bidonvilles. Construite au XIXe siècle pour 400 000 habitants, l'ex-capitale de l'Empire britannique des Indes abrite aujourd'hui plus de 10 millions de personnes.

Calcutta, une ville qui a poussé la vocation de l'accueil au-delà de l'imaginable

Depuis sa fondation en 1690 par une poignée de marchands anglais jusqu'au départ de son dernier gouverneur britannique, le l5 août 1947, Calcutta incarna plus qu'aucune autre cité au monde le rêve impérial de la domination du globe par l'homme blanc. Pendant près de deux siècles et demi, elle fut la capitale de l'Empire britannique des Indes. Jusqu'en1912, ses gouverneurs généraux et ses vice-rois y imposèrent leur autorité sur un pays plus peuplé que toute l'Europe. Ses avenues virent défiler autant d'escadrons et se promener autant d'élégantes en palanquin ou en calèche que les Champs-Élysées et le Mall de Londres. Même décrépis par des lustres de mousson, ses édifices publics, ses monuments, son centre des affaires, ses résidences à balustres et colonnades témoignent encore de cet héritage.

Calcutta demeura jusqu'à une époque toute récente l'une des cités les plus actives et prospères du tiers monde. Grâce à son port et à ses nombreuses industries, ses usines métallurgiques, chimiques et pharmaceutiques, ses minoteries, ses fabriques de toile de jute et de cotonnades, elle distribue encore l'un des revenus par habitant les plus élevés de l'Inde, juste après New Delhi et Bombay. Un tiers des importations et près de la moitié des exportations indiennes transitent par son port. Riche en ressources naturelles, le vaste territoire qui l'entoure alimente ses usines et ses bazars d'un flot ininterrompu de marchandises et de denrées : cuivre, manganèse, bauxite, bois précieux, jute, mais aussi thé, céréales et sucre du Bengale, légumes du Bihar, fruits du Cachemire, œufs et volailles du Bangladesh, viandes de l'Andhra, poissons de l'Orissa, crustacés et miel des Sundarbans, tabac et bétel de Patna, fromages du Népal. A ces produits s'ajoutent quantité d'articles et d'objets qui alimentent l'un des commerces les plus diversifiés et actifs d'Asie. On ne dénombre pas moins de deux cent cinquante variétés d'étoffes dans les bazars de Calcutta et plus de cinq mille teintes et nuances de saris. Avant d'atteindre cette Mecque de l'industrie et du commerce, ces marchandises traversent de vastes régions souvent extrêmement déshéritées où des millions de petits paysans arrachent durement leur subsistance à de maigres lopins de terre. Comment l'imagination de ces multitudes n'aurait-elle pas, chaque fois que surgit un malheur, pris le même chemin que ces richesses ? Car cette métropole est située au cœur d'une des régions à la fois les plus fertiles mais aussi les plus défavorisées de la planète, une zone où la mousson, parfois absente ou au contraire dévastatrice, entraîne sécheresses ou inondations bibliques ; une zone de cyclones et de raz de marée annihilateurs, de séismes apocalyptiques, d'exodes politiques et de guerres religieuses comme ni le climat ni l'histoire d'aucun autre pays n'en ont jamais autant engendré.

L'arrivée de ces vagues successives de naufragés transforma Calcutta en une énorme concentration humaine, l'un des plus grands désastres urbains du monde. Une ville rongée de décrépitude où dix mille maisons et des immeubles neufs, de douze étages ou plus, menacent à tout moment de se lézarder et même de s'écrouler. Façades fissurées, toits branlants, murs dévorés par la végétation tropicale, certains quartiers semblent sortir d'un bombardement. Faute d'un service de ramassage adéquat, mille huit cents tonnes d'ordures s'accumulent chaque semaine dans les rues, attirant des multitudes de mouches, de moustiques, de rats, de cancrelats et autre vermine. L'été, cette prolifération entraîne d'importants risques d'épidémies. Il n'y a pas si longtemps, il était encore fréquent de mourir ici du choléra, d'hépatite, d'encéphalite, de typhoïde et de rage. Les articles et les reportages de la presse locale ne cessent de dénoncer ce dépotoir empoisonné de fumées, d'effluves et de gaz nauséabonds, ce décor ravagé de chaussées défoncées, d'égouts crevés, de conduites d'eau éclatées, de lignes téléphoniques arrachées. Bref, Calcutta représente une telle banqueroute matérielle que même ses défenseurs s'étonnent que tant d'hommes soient venus s'y entasser.

Ils sont pourtant des milliers, des centaines de milliers, des millions qui grouillent jour et nuit sur les places, dans les avenues, dans les plus étroites ruelles. Le moindre bout de trottoir est occupé, squatterisé, encombré par des marchands ambulants, des campements de familles sans toit, des dépôts de matériaux ou d'ordures, des boutiques, des quantités de sanctuaires et de petits temples. Il en résulte un désordre indescriptible dans la circulation, un taux d'accidents record, des embouteillages de cauchemar. Faute de w.-c. publics, des centaines de milliers d'habitants sont contraints de faire leurs besoins dans la rue.

A Calcutta, il arrive que des gens meurent sur le trottoir dans l'indifférence générale. C'est aussi une poudrière de violence et d'anarchie où les masses se sont finalement tournées vers le mythe salvateur du communisme.

A la faim, aux conflits des communautés s'ajoute l'un des climats les plus éprouvants de la planète. Torride huit mois de l'année, la chaleur y fait fondre l'asphalte des rues et se dilater les structures métalliques du grand pont local au point que l'ouvrage mesure un mètre cinquante de plus le jour que la nuit. Par bien des aspects, la ville ressemble à la déesse Kâlî que vénèrent des millions de ses habitants, Kâlî la Terrible, image de peur et de mort, représentée avec des yeux au regard terrifiant, un collier de serpents et de crânes autour du cou. Même des slogans peints sur les murs proclament, à l'occasion, la faillite de cette cité : « Ici, il n'y a plus d'espoir, il ne reste que la colère. »

Calcutta ne se laisse pas apprivoiser facilement. Il faut même une rude dose de courage et de persévérance pour tenter l'aventure. Mais si vous y parvenez, que d'êtres exceptionnels vous allez rencontrer !

Une fourmilière d'hommes qui récupèrent, réparent et recyclent tout car, ici, le moindre débris a une valeur.

Une ville de rêve pour les nantis

Hippodrome, club de golf, terrain de polo : à Calcutta, la richesse et le luxe côtoient la lèpre des bidonvilles. Doté de trois immenses tribunes au bord d'une piste de gazon de 2 200 m, le champ de courses de Calcutta est le plus beau et le mieux équipé d'Orient. J'y ai vu des commissaires qui suivaient les épreuves sur des écrans de télévision dans un salon climatisé. La saison de polo attire chaque hiver quelques-uns des meilleurs cavaliers et chevaux du monde.
Arrosé toute l'année par une armée de jardiniers, le golf de Tollygunge offre l'un des parcours les plus verts de toute l'Asie.

Il est de bon ton dans la haute société d'assister à la Queen's Cup, l'événement hippique de toute l'Asie, d'appartenir au très sélect club de golf de Tollygunge fondé en 1829 et de s'entraîner à jouer au polo dans la fraîcheur du petit matin. C'est en Inde que les Anglais ont découvert ce sport alors pratiqué par les maharajas.

500 mètres séparent ces deux planètes : J'ai rencontré ces deux Indiennes en sari de soie au club de golf de Tollygunge, l'un des établissements les plus chics de Calcutta, fondé par les Anglais. Leurs serviteurs ont la poitrine ornée d'écussons aux armes du club. Leurs maris sont de riches commerçants, des industriels, des militaires de rang élevé, ou des ministres du gouvernement communiste du Bengale.

Cette paysanne qui campe avec ses enfants sur un trottoir de Russa Road n'a pas encore pu trouver l'abri précaire d'un bidonville. Quelques feuilles et brindilles séchées lui servent de combustible pour cuire la maigre portion de riz qui constitue toute la nourriture de sa famille pendant une semaine. Des milliers de gens vivent ainsi sur les trottoirs depuis des années, sans même un bout de toile au-dessus de leur tête.

Cette terre grillée par la sécheresse condamnera ces enfants à fuir vers la ville

Calcutta est située au cœur d'une des régions les plus fertiles mais aussi les plus défavorisées de la planète. Sécheresses ou inondations, cyclones, raz de marée, séismes et troubles politiques ont, de tout temps, ravagé les campagnes alentour, provoquant la fuite des paysans pauvres vers la ville mirage. L'arrivée de ces vagues successives de naufragés a transformé la ville en un gigantesque camp de réfugiés. 4 ou 5 millions d'habitants disposent de moins d'un mètre carré d'espace pour survivre. Plus de 300 000 réfugiés vivent dans la rue ou sur les trottoirs dans des conditions d'hygiène effrayantes. Certains y passent souvent des années, louant leur place au « parrain » du quartier. Pour le peuple des trottoirs, un taudis dans un bidonville comme la Cité de la Joie représente la suprême ambition.

Cette année, la mousson n'est pas venue. Pour le religieux Paul Lambert, ce champ de riz craquelé par la sécheresse porte la promesse d'un nouvel exode : bientôt ces enfants du village bengali de Jikhira devront fuir leur terre avec leurs parents. Ils se retrouveront avec 300 000 autres sans-logis sur les trottoirs de Calcutta.

SURVIVRE DANS LA

Près de 5 millions d'habitants s'entassent aujourd'hui dans les 3 000 bidonvilles de Calcutta. L'un d'eux porte le nom paradoxal d'*Anand Nagar* (la Cité de la Joie). Créé en 1900 par un fabricant de jute pour y

JUNGLE D'UN BIDONVILLE

loger ses ouvriers, le quartier a grandi pour devenir une vraie ville dans la ville. Plus de 70 000 habitants de toutes les religions s'y agglutinent sur un espace à peine plus vaste que trois terrains de football.

En pénétrant dans un quartier de misère comme la Cité de la Joie, je m'attendais à trouver la mort, la déchéance, des hommes brisés, anéantis. C'est le contraire que je découvre. Je trouve la vie. La VIE en majuscules. La vie qui palpite, qui tourbillonne, qui frissonne, qui frémit, la vie qui vibre comme nulle part ailleurs. La vie qui domine, règne, commande. La vie qui vous assaille, qui agresse tous vos sens par ses bruits fous, ses odeurs, ses contacts, ses milliers de spectacles. La vie qui vous fait sentir le miracle qu'elle représente, et deviner un peu mieux son mystère. Car ce bidonville, je l'affirme, est d'abord un hommage à la VIE.

Margareta, une mère de 9 enfants, a recueilli le sourd-muet Gunga sans abri ni ressources.

Dès la première aube de ma plongée dans ses ruelles, j'en reçois le choc. La fontaine la plus proche de la minuscule chambre que j'ai partagée avec Paul Lambert au milieu des rats et des cafards, est à trois cents mètres, à la hauteur d'une étable à buffles. Le quartier explose déjà de sa torpeur nocturne. Des gens qui ont passé la nuit à dix ou douze dans un réduit infesté de rats et de vermine semblent renaître à la lumière comme au premier matin du monde. Cette résurrection quotidienne commence par une purification générale. Là, dans les ruelles noyées de boue, au bord du flot pestilentiel d'un égout, les habitants de la Cité de la Joie chassent les miasmes de la nuit par tous les rites d'une toilette méticuleuse. Sans dévoiler une parcelle de leur nudité, les femmes parviennent à se laver entièrement, depuis leurs longs cheveux jusqu'à la plante des pieds, sans oublier leur sari. Puis elles prennent le plus grand soin à huiler, peigner et tresser leur chevelure, avant de la piquer d'une fleur fraîche trouvée Dieu sait où. A chaque point d'eau, je vois des hommes se doucher avec une boîte de conserve, des gamins se frotter les dents avec des bâtonnets de margousier enduits de cendre, des vieillards se lisser la langue avec un fil de jute, des mères épouiller avec le plus grand soin leurs enfants puis savonner vigoureusement leurs petits corps nus.

Avant d'atteindre la fontaine, je suis saisi par la beauté d'une jeune mère drapée dans un sari rouge, assise dans la ruelle, le dos bien droit, un bébé posé sur ses jambes allongées. Le nourrisson est nu, avec seulement une amulette tenue par une cordelette autour de la taille. C'est un enfant potelé qui n'a pas l'air de souffrir de malnutrition. Une flamme étrange passe dans leurs regards. On dirait qu'ils se parlent avec les yeux. Subjugué, je pose mon seau. La jeune femme vient de verser quelques gouttes d'huile de moutarde dans ses paumes et commence à masser le petit corps. Habiles, intelligentes, attentives, ses mains montent et descendent, animées par un rythme aussi discret qu'inflexible. Travaillant tour à tour comme des vagues, elles partent des flancs du bébé, traversent sa poitrine et remontent vers l'épaule opposée. La mère fait ensuite pivoter le bébé sur le côté.

Elle lui étend les bras et les masse délicatement, l'un après l'autre, en lui chantant de vieilles comptines racontant les amours du dieu Krishna ou quelque légende venue du fond des âges épiques. Le ventre, les jambes, les talons, la plante des pieds, la tête, la nuque, le visage, les ailes du nez, le dos, les fesses sont successivement caressés, vivifiés par les doigts souples et dansants. Puis, croisant et décroisant ses petits membres, elle lui fait faire une série d'exercices de yoga. L'enfant gazouille de béatitude. Je suis ébloui par tant d'amour, de beauté, d'intelligence. Par ce sublime don de vie à l'aube d'un nouveau jour.

Dans la Cité de la Joie je découvre la vie qui palpite, tourbillonne et frémit

Nouvel hymne à la vie quelques heures plus tard dans la courée de Lambert. Cette fois, c'est pour une naissance. Une malédiction dans cet inimaginable entassement de damnés ? Tout le contraire : un cadeau des dieux, surtout si c'est un garçon. Les premiers cris déclenchent une folle liesse dans tout le quartier. La grand-mère en voile blanc de veuve et les autres femmes de la courée se précipitent aussitôt au domicile de Kâlîma, une ravissante créature aux yeux noirs cernés de khôl. Kâlîma n'est pas une femme mais un membre de cette caste secrète et mystérieuse des *hijra* dont les communautés parsèment l'Inde. C'est un eunuque. Lui et ses condisciples ont le pouvoir magique d'effacer les fautes commises par le nouveau-né dans ses vies antérieures. Quelques minutes plus tard, une petite troupe parée de saris de fête accourt en chantant au son de tambourins : « Un nouveau-né est apparu sur la terre. Nous venons le bénir. *Hirola ! Hirola !* »

L'eunuque prend délicatement le petit corps dans ses bras et se met à danser. Les chants ont attiré les habitants des maisons avoisinantes. La cour s'est remplie. Des grappes d'enfants ont même escaladé les toits pour mieux voir. La température accablante ne rebute personne. C'est la fête à la vie.

Puis, du bout de son index droit, Kâlîma essuie alors la poudre rouge qui recouvre son tambourin et marque le front du bébé. Ce geste symbolique transfère sur sa personne, ses compagnons et sur toute la caste des eunuques, les fautes passées du nouveau-né. La poudre rouge, emblème du mariage chez les épouses hindoues, représente chez les eunuques leur union rituelle avec leur tambourin. Kâlîma jette ensuite quelques grains de riz sur l'instrument puis il en lance une pleine poignée vers la porte du logement pour bénir la mère, et une autre sur l'enfant. Il commence à tourner sur place. Accompagné par ses acolytes qui frappent leurs tambourins et tapent dans leurs mains en cadence, il chante : « Nous nous baignerons dans les rivières sacrées pour nous laver de toutes les fautes du nouveau-né. » Puis, devant les yeux émerveillés de l'assistance, il se remet à danser en berçant l'enfant. La féminité de ses gestes et la finesse de ses attaches crée l'illusion. Pathétique de réalisme, l'eunuque sourit maternellement à cette petite masse de chair qui fait son entrée dans le monde de la Cité de la Joie.

8 500 buffles et 70 000 naufragés

Avec ses rectangles de maisons basses construites autour d'une cour minuscule, avec ses toits de tuiles rouges et ses ruelles rectilignes, la Cité de la Joie ressemble plus à une cité ouvrière qu'à un bidonville. C'est pourtant l'un des lieux les plus déshérités de la terre : 70 000 personnes s'entassent ici dans un espace grand comme trois terrains de football. Ni électricité ni eau courante, des égouts à ciel ouvert et seulement une latrine et une fontaine pour 3 000 personnes. Neuf habitants sur dix ne disposent même pas de 80 centimes par jour pour pouvoir s'acheter 300 grammes de riz. Ici, l'espérance de vie ne dépasse que très rarement 40 ans.

8 500 bufflesses donnant un lait infesté de microbes vivent au milieu du bidonville. Ici, en effet, il est plus lucratif de louer un espace dans une étable qu'un taudis dans une courée. Et la vente de la bouse constitue un revenu supplémentaire. Chaque courée comprend une dizaine de pièces et abrite en moyenne une centaine d'habitants.

Krishna et sa famille *(ci-dessus)*, Amrita *(ci-dessous à gauche)*, Ashish, Shanta et leurs enfants *(ci-dessous à droite)* sont les voisins du religieux Paul Lambert. Celui-ci m'a avoué : « C'est grâce à leur sourire, à leur courage, à leur foi et à leur amour que je parviens à tenir le coup dans cet univers si tragiquement inhumain. »

La vraie richesse des hommes qui n'ont rien

Pour des hommes qui n'ont rien, la naissance d'un enfant est le plus beau cadeau des dieux. Surtout si c'est un garçon. Car la naissance d'un fils est l'assurance pour les parents que leurs funérailles seront conduites selon les rites. C'est aussi l'espoir de bénéficier rapidement d'une source de revenus supplémentaires, soit par un travail précoce, soit par une dot de mariage. C'est enfin la certitude d'assurer la continuité de la lignée indispensable pour le salut des ancêtres et de la descendance. Je n'ai jamais rencontré ailleurs des parents qui aiment avec autant d'amour les enfants.

Ces trois pères de la Cité de la Joie m'ont montré leur trésor avec fierté. L'homme aux cheveux blancs n'a que 45 ans. C'est un tireur de char à banc. Dans cette ville sans sécurité sociale ni assurance retraite, ce jeune fils apporte la promesse de ne pas être abandonné plus tard et la certitude de funérailles selon les rites.

Ces mères m'ont révélé le vrai sens du mot amour

A peine nés, les enfants deviennent le « bourgeon » de leur mère, passant le plus clair de leur temps à dormir sur ses épaules, pendus à son sein, dans ses bras ou sur sa hanche. Toute leur vie sera marquée par ce lien de dépendance essentiel pour saisir l'influence morale de la mère et son culte dans la religion. Jusqu'à 6 mois, les bébés de la Cité de la Joie ont le même taux de croissance que les bébés européens.
Mais, très vite, ils sont décimés par la malnutrition. Un enfant sur trois meurt avant l'âge de 5 ans.

De peur du « mauvais œil », les nouveau-nés restent enfermés dans l'obscurité de leur taudis jusqu'à la cérémonie du baptême. Puis leur mère les exhibe comme des trophées aux autres membres de la famille et aux voisins. Les enfants deviennent dès leur naissance les enfants de toutes les familles de la courée.

Les mères massent chaque jour leur bébé à l'huile de moutarde. C'est un traitement préventif contre les rhumes et une nourriture extra-corporelle. Faute de lait, beaucoup de bébés accusent vite un poids insuffisant. Malgré les distributions de lait en poudre et de farines vitaminées, la mortalité atteint ici 267 pour 1000.

Un apôtre venu d'Occident pour soigner et partager

Le religieux Paul Lambert n'est pas venu pour convertir mais pour dire aux habitants de la Cité de la Joie : « Je suis votre frère. Nous allons lutter et espérer ensemble. » Partageant la vie des pauvres, il a rassemblé les bonnes volontés du bidonville et ouvert des dispensaires, des centres de distribution de lait, des écoles.
Grâce à des fonds privés reçus d'Occident, ces enfants rachitiques reçoivent aujourd'hui deux repas par jour.
Ici, 80 % des enfants souffrent de malnutrition. Certains, à 5 ans, pèsent à peine 7 kilos.
L'absence de soleil pendant les longs mois de la mousson aggrave les causes du rachitisme : faute de rayons ultra-violets, la vitamine D n'est plus assimilée par l'organisme.

Des brahmanes, des lépreux et des fakirs

Échoués là au cours de migrations successives, les habitants de la Cité de la Joie appartiennent à toutes les origines et religions du continent indien. Aux côtés des ex-paysans de la région, on trouve une poussière de groupes et d'ethnies divers : Afghans, Indo-Aryens du Cachemire, Bettiahs chrétiens, Népalais, sikhs du Panjab, Tamouls du sud, quelques Anglo-Indiens. J'y ai même rencontré des parsis adorateurs du feu, des adeptes de la religion jaïn à la bouche masquée, une « famille » d'eunuques, et un arracheur de dents chinois.

Jusqu'à l'arrivée de Paul Lambert, seul un représentant de la race des Gaulois et des Celtes manquait à cette tour de Babel.

Ce prêtre hindou et sa famille habitent dans la Cité de la Joie. Les honoraires qu'il reçoit pour les cérémonies font de lui un pauvre relativement aisé. Ces moines chanteurs *(ci-dessous)* sont itinérants. Ils font régulièrement escale dans les ruelles du bidonville pour distraire les habitants avec les aubades de leur riche folklore.

Sages et fakirs sont des silhouettes familières dans la Cité de la Joie où ils apportent distractions, rêves et promesses d'une vie meilleure. On rencontre aussi des lépreux qui n'ont rien perdu de leur dignité et de leur volonté de vivre : 500 d'entre eux habitent dans une sorte de ghetto où n'entrent jamais les bien-portants.

Des étalages pour pauvres et riches

Les habitants de la Cité de la Joie ont reconstitué dans leur exil urbain la vie sociale et économique de leur village. Ici comme là-bas, le combustible de base pour cuire les aliments est la bouse de vache séchée au soleil. Mais pour beaucoup de familles, la seule nourriture se réduit souvent au partage de deux ou trois bananes, ou d'un gobelet de thé au lait sucré, ou d'une assiette de riz, de lentilles et de piments achetés à l'un des nombreux marchands ambulants ou gargotiers. Seuls quelques ouvriers et petits cadres disposant d'un salaire garanti peuvent, quelquefois, offrir à leur famille un peu de poisson ou de viande.

Séchant sur les murs, les galettes de bouse de vache et de buffle servent de combustible pour la cuisine. Les marchands de thé au lait sucré sont la providence de ceux qui n'ont rien à se mettre sous la dent. Seuls quelques commerçants ou cadres peuvent s'offrir le luxe de manger parfois un peu de poisson du delta du Gange.

Les ruelles de la Cité de la Joie sont parsemées de petites gargotes où une assiette de riz, de lentilles et de piments ne coûte que 50 centimes. Les piments qui emportent la bouche aident à faire oublier la faim. Les hindous ne consomment en principe jamais de bœuf. C'est pourquoi les bouchers sont toujours des musulmans.

Des bijoutiers usuriers et un parrain justicier

Les bijoutiers-usuriers et un « parrain » contrôlent une grande part de l'existence du peuple de la Cité de la Joie. A la moindre rentrée d'argent, les femmes se précipitent chez le bijoutier pour faire ajouter un maillon d'or ou d'argent à l'ultime pendentif d'oreilles ou bracelet rescapé de leur dot. Mais, le plus souvent, c'est pour y mettre leur dernier bijou « au clou » afin d'arracher leur famille à la faim. Dans cette cité dépourvue de toute autorité légale, c'est un parrain de la mafia indienne qui gouverne et rend la justice. Et qui encaisse le bénéfice des innombrables trafics et rackets.

A l'abri de leurs barreaux et coffres-forts, les bijoutiers-usuriers s'empressent auprès de leurs clientes. La bedaine de ce cafetier et sa montre en or le démarquent des autres habitants de la Cité de la Joie.

LES MILLE ET

Les habitants de la Cité de la Joie inventent chaque jour de nouveaux métiers pour triompher de leur malheur. Malgré la faim permanente qui leur tenaille le ventre, des salaires de misère, les excès du climat, ces hommes décharnés et pieds nus se font ouvriers dans des ateliers-bagnes ou bêtes de somme pour quelques roupies sur l'asphalte brûlant des rues de Calcutta, comme ce coolie qui livre des boîtes de

conserve récupérées à une entreprise qui va les recycler. Pour ce transport, il recevra 5 ou 6 roupies (4 ou 5 francs). Mais il y a tant de candidats coolies à Calcutta qu'il devra peut-être attendre plusieurs jours avant d'avoir la chance de pouvoir retrouver une course et de redevenir une bête de somme. La concurrence est telle que, parfois, les coolies affamés sont contraints d'accepter la moitié du tarif normal.

Des hommes-fourmis ! Les muscles du dos et des épaules gonflés à éclater, le petit homme arrache son rickshaw et s'élance sur l'asphalte brûlant de Wood Street. En guise d'avertisseur, il fait tinter un grelot de cuivre fixé par une lanière à son index. Ses bras sont arc-boutés en croix sur les brancards. Homme-cheval, homme crucifié, il court pieds nus. Derrière lui, serrées sur l'étroit siège de son véhicule, deux femmes en sari font une tache de couleur dans le flot des voitures et des camions. L'Indien est un des cent mille tireurs de pousse-pousse de Calcutta car, ici, les hommes font concurrence aux animaux.

Ce tireur de rickshaw s'appelle Hasari Pal. Il est l'un de mes vieux amis de Calcutta. Il y a dix ans, quand je l'ai connu, il arrivait de sa campagne, chassé comme tant d'autres par la sécheresse. A vingt-cinq ans, l'œil vif et le visage rieur sous une épaisse tignasse noire soigneusement lissée à l'huile de moutarde, il paraissait avoir à peine vingt ans. Dix ans plus tard, c'est un homme usé, voûté, miné par la tuberculose. Rien d'étonnant. J'ai essayé de tirer son rickshaw. Même à vide, ses quatre-vingts kilos m'ont semblé peser une tonne. Alors, imaginez, avec un ou deux passagers, de lourds colis, souvent par cinquante degrés de chaleur, ou de l'eau jusqu'au ventre en pleine mousson, sans jamais un seul jour de repos ! Avec pour seules calories quotidiennes une assiette de riz, un bol de *dal*, une *chapati* et quelques verres de thé ! Hasari était sûrement plus heureux dans son village, mais aujourd'hui il a une mission à remplir. La plus sacrée de son destin de père, celle qu'il doit accomplir à tout prix avant de mourir : réunir de l'argent afin de trouver un mari pour sa fille. Car, sans dot, aucune chance pour un père de caser ses filles.

Quels trésors de courage et d'ingéniosité déploient les déshérités de Calcutta pour être fidèles à ce devoir de père ! Ou tout simplement pour nourrir leur famille un jour de plus. Et quelle superbe leçon d'amour représente leur façon de donner un sens et une valeur à la plus infime parcelle de la création divine ! Des milliers de gens passent ainsi leurs journées à glaner, le long des voies ferrées, des poignées de scories ou de débris de charbon qu'ils revendront pour quelques centimes. D'autres guettent sur l'asphalte le moindre tas de bouse ou de crottin. Qui n'a vu, appliquées sur les murs, les trottoirs ou les buses d'égout, ces galettes brunes qui sèchent au soleil et qui sont à la fois les armoiries des pauvres de Calcutta et le combustible de leurs petits braseros ? Plus de quarante mille chiffonniers fouillent régulièrement les tas de détritus et les poubelles. Sans doute est-ce à cause de cette armada de récupérateurs que la plupart des slogans politiques sont peints plutôt qu'affichés. Car une affiche, ça se décolle, et un bout de papier possède une minuscule valeur économique à Calcutta.

Oui, tout ici a une valeur, même les antiques 78 tours de « La voix de son maître » que d'habiles artistes découpent en silhouettes de palmiers ou d'éléphants qu'ils vont vendre sous les arcades de Chowringhee. Et combien de métiers insolites

Ici, les hommes déploient des trésors d'ingéniosité pour nourrir leur famille

les habitants de Calcutta n'ont-ils pas su inventer ? Comme ces changeurs de billets usés qui, moyennant une petite commission, vous donnent un billet moins usagé. Parce que aucun commerçant ni aucune banque, à l'exception de la *Reserve Bank of India* après d'interminables heures de queue, n'acceptent de billets abîmés. Ou ces marchands de monnaie qui officient aux abords des temples : pour une roupie, ils vous rendent seulement quatre-vingt-dix paisas en piécettes vous permettant de faire vos offrandes aux prêtres et aux dieux.

A Calcutta, on peut aussi vendre son sang à l'une des innombrables officines spécialisées dans ce commerce en plein essor. Une banane, trois biscuits au glucose et trente roupies (vingt-quatre francs) pour un quart de litre, c'est une petite fortune pour faire taire les cris d'un ventre vide et assurer dix jours de survie à une famille de cinq personnes. On peut même aller jusqu'à vendre ses os. Calcutta est le plus grand exportateur mondial de ce genre de marchandise très recherchée par les facultés de médecine d'Europe et d'Amérique.

Ici, la survie de chacun, marchand ou chiffonnier, dépend de la moindre occasion de gagner 1 ou 2 roupies. Mais, partout, l'on trouve à profusion la richesse d'un sourire.

Une grande manifestation politique sur l'esplanade du Maidan m'offre, un jour, l'occasion de découvrir aussi l'incroyable profusion des métiers que le goût du spectacle et de la fête ont inventés pour permettre aux malheureux des bidonvilles d'échapper à la tristesse de leur sort. Quels artistes que ces dresseurs de singes, de chèvres, de mangoustes, de rats, de perroquets, de scorpions, de serpents, d'ours ! Ces chanteurs de geste, ces montreurs de marionnettes, ces bardes, ces conteurs, ces troubadours, ces fakirs, ces mimes, ces hercules, ces nains, ces prestidigitateurs, ces illusionnistes, ces contorsionnistes, ces acrobates, ces lutteurs ! Ces diseurs de bonne aventure, ces astrologues, ces tireurs de cartes, ces marchands de pilules aphrodisiaques, ces arracheurs de dents, ces nettoyeurs d'oreilles ! Venus des ateliers-bagnes, des bidonvilles, des quais, des usines et des bazars, des milliers, des dizaines de milliers de petits hommes bruns étaient accourus ce soir-là pour se distraire et écouter les promesses d'une vie meilleure lancées dans les haut-parleurs par les politiciens au pouvoir. Et nulle part ailleurs, le chant qui mit fin à la manifestation, *l'Internationale*, ne me parut revêtir autant de symbolisme et de grandeur qu'ici, au cœur de cette ville insensée, chanté par les hommes-fourmis du prolétariat le plus misérable.

C'est une fourmilière au travail que j'ai découverte en pénétrant dans la Cité de la Joie. Enfants, adultes, vieillards, tous les habitants de ce lieu de souffrance, même les invalides et les lépreux, concourent à la survie collective. Partout, devant le seuil de chaque masure, au pied de chaque échoppe, dans une succession de petits ateliers ou de mini-fabriques, j'ai rencontré des gens occupés à vendre, marchander, produire, bricoler, réparer, trier, nettoyer, clouer, coller, percer, repeindre, porter, tirer, pousser. Ici, tout a une valeur : un clou tordu, un morceau d'affiche, une épingle rouillée, un couvercle de bocal. Vous sortez comme ivre d'une traversée du bidonville. Et bouleversé. Car ces mille spectacles de l'acharnement d'un peuple à inventer et produire les biens de sa survie sont pour chacun de nous une formidable leçon de courage, d'intelligence, d'espoir et de dignité.

Quelques vieilles caisses d'emballage, une poignée de clous tordus, du verre ou du papier récupérés permettent aux courageux habitants de la Cité de la Joie de gagner la bataille quotidienne pour la vie.

Des fourmis que l'adversité n'arrête jamais

Ces ouvriers passent 14 heures par jour dans des ateliers-bagnes sans aération et souvent sans lumière pour fabriquer des engrenages de machines ou pour rouler en une journée 1 200 *bidi*, fines cigarettes indiennes. Les très fréquentes coupures de courant obligent de nombreux ouvriers à vivre auprès de leurs machines.

Seuls quelques rares privilégiés sachant un peu lire et écrire peuvent espérer gagner le riz de la survie familiale en devenant vendeur de billets de loto ou *munshi* (écrivain public) devant la porte des bureaux de poste et des administrations. C'est grâce à eux que nouvelles et mandats sont envoyés aux parents demeurés au village.

Des ouvriers-esclaves qui gardent le sourire

J'ai recensé quelque 900 ateliers et mini-fabriques dans la Cité de la Joie. On y met au point tous les produits imaginables, depuis des hélices de paquebot jusqu'à des instruments chirurgicaux et des pièces pour ordinateurs usinées au 1/5e de micron. Les conditions de travail dans ces ateliers sont très pénibles. Les fréquentes coupures d'électricité obligent nombre d'ouvriers à vivre jour et nuit auprès de leurs machines pour reprendre le travail au moindre retour du courant. Mais bénéficier d'un emploi représente une telle chance que chacun réussit à travailler en gardant le sourire.

Ces ex-paysans habitués à la paix, à la beauté et à l'air pur de leur campagne se sont reconvertis dans la fabrication de malles, d'objets en or et en argent et d'ustensiles en fer blanc. Ils gagnent 6 à 7 francs par jour.

De nombreux habitants de la Cité de la Joie parviennent à gagner leur riz quotidien en pratiquant d'insolites petits métiers, comme celui de peintre d'enseignes, ou en fabriquant les objets indispensables de la vie familiale indienne, tels les *chula*, ces petits braseros faits avec un seau enduit d'argile réfractaire, qui servent de fourneaux. Ces artisans sont employés à la journée, parfois à l'heure, souvent à la pièce. Malgré l'exploitation éhontée dont ils sont fréquemment l'objet, ce sont les plus chanceux du bidonville. Mais ils ne bénéficient d'aucune assurance maladie, ni de dimanches ou de congés payés, ni d'aucun droit à la retraite. Les origines rurales de ces ouvriers et artisans ne les ont pas formés à la revendication collective. Personne dans la Cité de la Joie n'oserait faire grève : ici, trop de monde attend votre place.

Ce fabricant de fourneaux, ces confectionneurs d'épaulettes de tailleurs, ce cardeur ambulant, ce peintre d'enseignes font partie des privilégiés. Car, pour chaque détenteur d'emploi, il y a deux chômeurs. Ici, l'avenir de dizaines de milliers d'hommes et de femmes est aussi incertain que pour l'homme de l'âge de pierre.

COMMERCIAL ARTIST
G.T. ROAD (NORTH) SALKIA HOWRAH-711106
BERS ONLY
DR. R. TEWARI.
ADAVPUR UNIVERSITY.
M/s San

La sueur et les muscles des coolies de la Cité de la Joie offrent aujourd'hui l'énergie la moins chère du monde. Ils sont, avec leurs frères tireurs de rickshaw (pousse-pousse), les derniers hommes-chevaux de la planète.

Les derniers hommes-chevaux de la planète

Pour un nombre incalculable d'habitants de la Cité de la Joie, les brancards de ces gracieuses carrioles qui ressemblent aux tilburys de nos grands-mères sont un gagne-pain providentiel.
Inventées au Japon à la fin du siècle dernier par un missionnaire occidental, elles portent le nom de rickshaws. Les premiers véhicules de ce genre sont apparus à Calcutta en 1914. Ils se sont rapidement imposés comme moyen de transports peu coûteux dans le premier port de l'Asie, et leur vogue gagna bientôt de nombreuses métropoles du Sud-Est asiatique. Depuis, toutes les villes de l'ex-monde colonial les ont bannis de leurs rues comme l'un des aspects les plus dégradants de l'exploitation de l'homme par l'homme. Sauf Calcutta où, aujourd'hui encore, quelque 100 000 hommes-chevaux attelés à leurs rickshaws parcourent chaque jour plus de kilomètres que les 30 Bœing et Airbus de la compagnie aérienne intérieure, Indian Airlines. Ils transportent chaque jour plus d'un million de voyageurs et parcourent autant de kilomètres.
Personne, hormis quelques urbanistes visionnaires, ne songerait à ranger ces anachroniques carrioles au musée de l'Histoire. Ici, la sueur humaine fournit l'énergie la moins chère du monde. Plus de 50 000 rickshaws circulent aujourd'hui dans les rues de Calcutta. Chaque véhicule fait vivre deux tireurs qui se relaient entre les brancards d'un lever de soleil à l'autre. La sueur de ces 100 000 forçats nourrit près de 1 million de pauvres.
Des économistes ont même calculé l'importance financière de cette activité unique dans le catalogue des professions : 4 milliards de centimes français, soit un peu plus du quart du budget des transports parisiens. Une part non négligeable de ce montant - environ 100 millions de centimes par an - représente la dîme versée par les tireurs de rickshaw aux policiers et autres autorités pour se prémunir contre les multiples tracasseries dont les malheureux sont accablés.

L'une des spécialités les plus convoitées des tireurs de rickshaw est de conduire les enfants à l'école. Cela assure deux courses quotidiennes, le matin et le soir. Les parents choisissent un tireur attitré pour son sérieux et sa ponctualité. Certains tireurs de rickshaw travaillent ainsi depuis des années pour les mêmes familles.

Cet ex-paysan s'attelle chaque matin aux brancards de sa carriole. Pour une course de 1,5 km, il reçoit 5 roupies (4 francs). Il doit verser chaque jour à son propriétaire une quinzaine de roupies de location, soit la moitié de ses gains des meilleurs jours. 12 ou 14 heures de travail ne lui laissent souvent que 10 roupies (8 francs). Bakchichs divers et réparations sont à sa charge. Et il se privera pour envoyer de l'argent aux siens.

Après chaque course, un court repos est une nécessité pour ces forçats souriants malgré leur ventre à peu près vide. Les tireurs de rickshaw ont leurs stations favorites où ils retrouvent des camarades, en général originaires de la même province et parfois du même village. A Calcutta, jamais personne n'est coupé de son milieu d'origine. Les stations de rickshaws servent aussi de bourses aux nouvelles et de foyers d'entraide.

Les tireurs de rickshaw ont, eux aussi, leur syndicat. Pendant que des artisans rafistolent leurs carrioles, ces hommes-chevaux vont défiler derrière leur banderole pour protester contre les brutalités de la police.

Pour découvrir et comprendre les secrets de la vie des derniers hommes-chevaux du monde, j'ai dû la partager. Un jour, mon ami Hasari Pal, ce paysan bengali dont je raconte l'histoire exemplaire dans *la Cité de la Joie*, m'a attelé aux brancards de son rickshaw. Avant de me lancer dans la folle circulation de Calcutta, il m'a donné quelques conseils. Il faut une force de buffle pour démarrer une telle carriole qui pèse 80 kilos à vide. Et des jarrets d'acier pour la stopper. Mais le plus terrifiant, c'est de la conduire au milieu du fleuve hurlant des camions et des autobus : les chauffeurs semblent prendre un malin plaisir à terroriser les tireurs et leurs passagers en les frôlant dans le rugissement de leurs klaxons et de leurs moteurs. Et les chaussées défoncées, les tranchées en pleine rue, les trous et ornières divers, les bouches d'égout ouvertes, les rails de tramway ne

facilitent pas non plus la tâche des infortunés tireurs. Des efforts inhumains, une alimentation déficiente, les chauds et froids, les bains de vapeur de la mousson tuent les tireurs de rickshaw avant l'âge. La tuberculose a emporté mon ami Hasari à 36 ans.

Une assiette de riz, de légumes et de *dal* (lentilles) constitue souvent l'unique repas des tireurs de rickshaw. Elle coûte 1 franc. J'ai essayé de faire soigner mes amis Hasari et Ramatullah mais la tuberculose les a emportés.

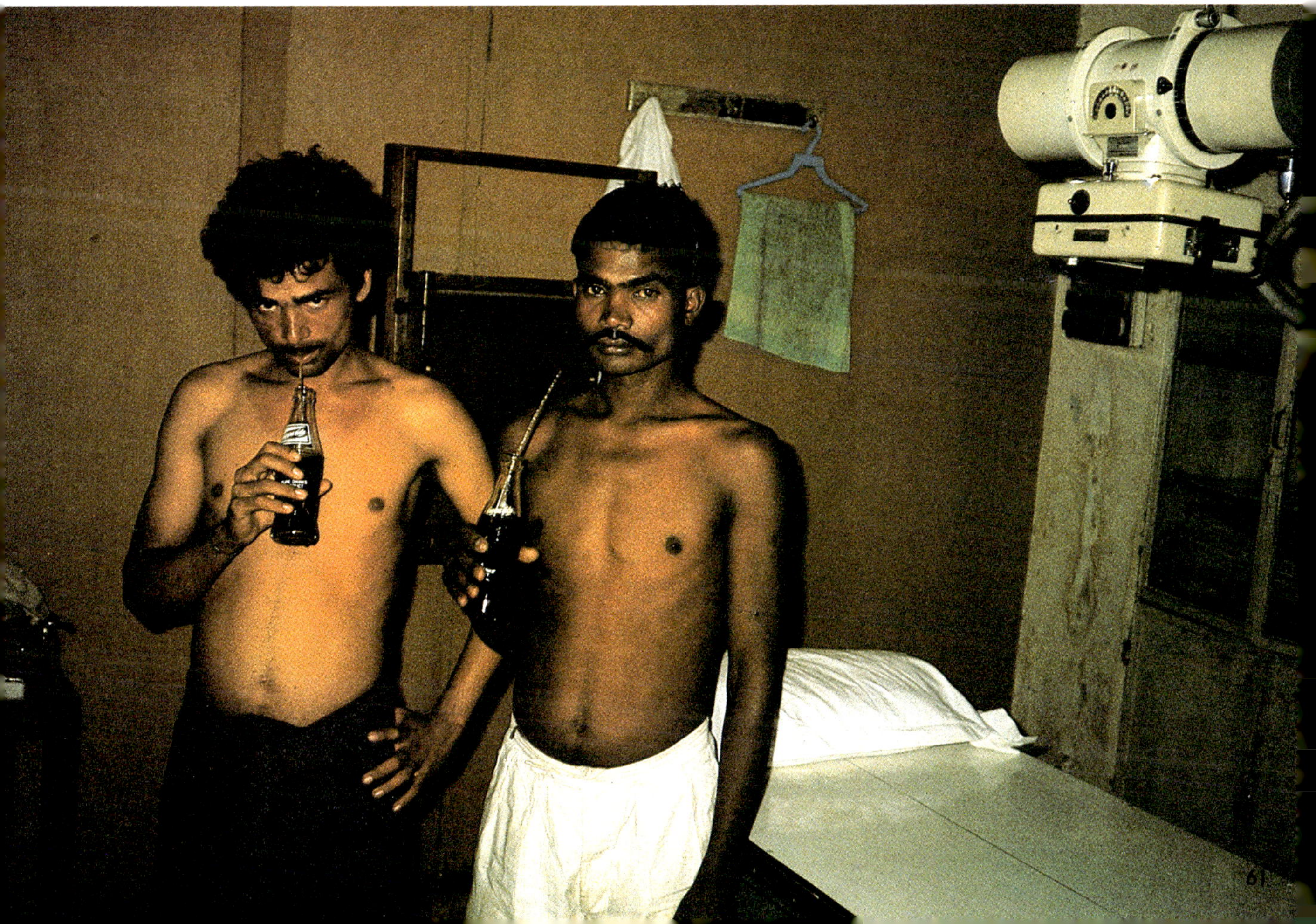

L'enfer de la mousson est la richesse et le calvaire des hommes-chevaux

Après avoir été accueillie et fêtée par des chants et des danses, la mousson inflige aux habitants de la Cité de la Joie un effroyable cauchemar. Noyés par le déluge, les latrines et les égouts des bidonvilles débordent et se répandent en un flot pestilentiel à travers les ruelles et les courées. Leurs galettes de bouse s'étant transformées en éponges, les femmes ne peuvent plus cuire le moindre aliment. Gratter une allumette devient un authentique exploit. Les habitants des quartiers les plus bas doivent s'enfuir ou se réfugier sur les toits. Plus un train ne peut atteindre les gares. Le trafic routier est complètement paralysé. Moteurs inondés, carrosseries engluées jusqu'aux portières, les autobus à impériale, les tramways, les taxis et les automobiles gisent un peu partout comme des épaves. Ce désastre fait le bonheur des hommes-chevaux. Avec leurs hautes roues et les jambes de leurs tireurs pour moteur, les rickshaws sont, en effet, les seuls véhicules à pouvoir se frayer un chemin dans les rues submergées. Les tireurs peuvent alors demander trois ou quatre fois le tarif habituel des courses. Mais au prix de quels sacrifices ! En s'ouvrant les pieds sur les obstacles cachés par l'eau putride, en attrapant mal sans jamais pouvoir se sécher, en trébuchant sur les cadavres de chiens et de rats, en tombant dans les bouches d'égout dont le dessus a été volé.

DES FÊTES SOMPTUEUSES

Les damnés de la Cité de la Joie ressuscitent à tout instant de leur déchéance pour participer aux fêtes et aux célébrations qui font de ce bagne de souffrance un perpétuel lieu de prières et d'actions de grâces. Dans

POUR OUBLIER LA MISÈRE

leurs taudis infestés de vermine, ces fillettes ont exhumé du coffre familial leurs habits de fête et leurs bijoux de pacotille pour se maquiller et se parer comme des princesses des *Mille et Une Nuits*.

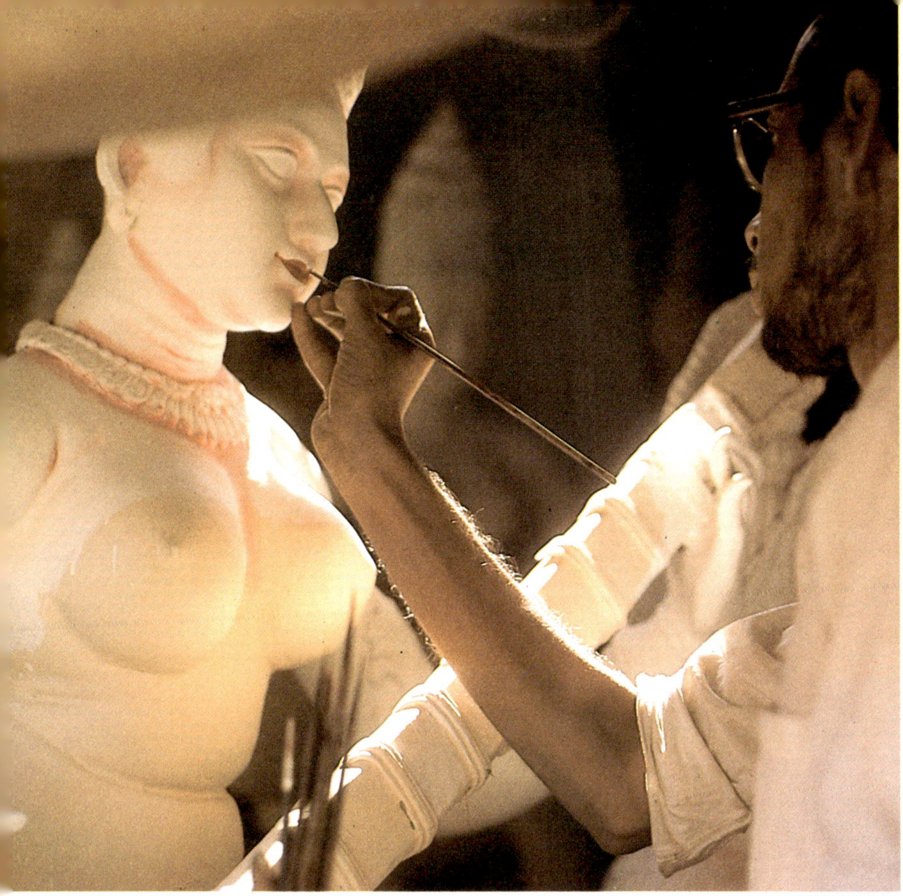

L'hommage des pauvres aux dieux qui les ont trahis

A la fin de chaque mousson, la Cité de la Joie se transfigure en l'honneur de Dourga, la déesse victorieuse du démon buffle qui dévastait le monde il y a 100 000 ans. Comme les 8 millions d'hindous de Calcutta, ses habitants commémorent cette victoire par quatre jours et quatre nuits de liesse, faisant de leur bidonville une vraie cité de joie et d'espoir. La préparation de cette fête commence plusieurs mois à l'avance dans le quartier des *Kumhar*, la caste des potiers, où des centaines de petits artisans confectionnent la collection de statues la plus magnifique jamais consacrée à une divinité ou à ses saints.

Pour confectionner les statues de la déesse Dourga, les potiers forment d'abord des ossatures de paille qu'ils enduisent ensuite de terre glaise, avant de les décorer au pinceau et de les parer de superbes soieries et de bijoux.

Le premier jour de la fête, les Dourga de la Cité de la Joie et plusieurs milliers d'autres statues à travers Calcutta sont installées sous des chapiteaux en pleine rue, somptueusement décorés de tentures et de fleurs.

Les reposoirs sont des merveilles de lumière et de décoration. Avec son trident et ses dix bras pour combattre dans toutes les directions de l'espace, la déesse Dourga incarne la victoire sur le Mal. Elle a terrassé, voici 100 000 ans, le démon qui dévastait la terre. Devenue Kâlî la Noire, elle est la divinité tutélaire de Calcutta.

Les héros de la Cité de la Joie ont su conserver au fond de leur misère l'héritage millénaire de leurs traditions. Aucune ne s'exprime mieux que par leur goût viscéral pour la fête. La fête qui, l'espace d'un jour ou d'une semaine, les arrache à la réalité ; la fête pour laquelle ils s'endettent ou se privent de nourriture ; la fête qui véhicule la religion mieux qu'aucun catéchisme, qui embrase les cœurs et les sens par la magie de ses chants et de ses cérémonies. Au jour prévu, à 6 heures du soir, éclatent la plainte des conques et le roulement des tambours. Pendant quatre jours d'une délirante kermesse, le peuple hindou de la Cité de la Joie va défiler en famille devant les statues de Dourga placées sur des reposoirs. Beaucoup de musulmans, de sikhs, de bouddhistes et même de chrétiens sont là pour s'unir avec leurs frères hindous dans un même rêve.

Le soir du dernier jour de la fête, les habitants de la Cité de la Joie, comme tous les hindous de Calcutta, chargent les statues de la déesse Dourga sur des camions, des triporteurs ou des rickshaws et vont les immerger dans le Gange sacré qui les emportera, avec leurs joies et leurs peines, vers l'éternité cosmique des océans.

वैद्यनाथ
च्यवन
प्राश
K.K.NE

Cette fois, la liesse est pour Mahomet

A chaque anniversaire de Mahomet, les musulmanes déballent les vêtements d'apparat pieusement conservés et leurs maris tendent des guirlandes d'oriflammes multicolores en travers des ruelles. Des électriciens installent des haut-parleurs et des chapelets d'ampoules de couleur.

Prosternés en direction de la mystique et lointaine Ka'ba, des milliers de fidèles remplissent les six mosquées du bidonville pour une nuit ininterrompue de prière. « *Allah Akbar !* Dieu seul est grand ! » scande la multitude sous les banderoles décorées avec les dômes des saintes mosquées de Jérusalem, de Médine et de La Mecque, emblèmes magiques qui illuminent de foi, de piété et de rêve ce décor sordide.

Prodigieux fleuve de couleurs et de voix, le cortège musulman irrigue d'une foi vibrante et du chatoiement des parures le labyrinthe pestilentiel qu'il traverse. A bord d'un cyclo-pousse, une fillette scande dans un haut-parleur les versets du Coran, tandis qu'une autre attend avec ses montagnes de confiseries les habitants en fête.

Alors que le religieux Paul Lambert apporte la communion à une vieille lépreuse chrétienne aveugle, la fête musulmane bat son plein derrière les effigies des saintes mosquées de Jérusalem, de Médine et de La Mecque.

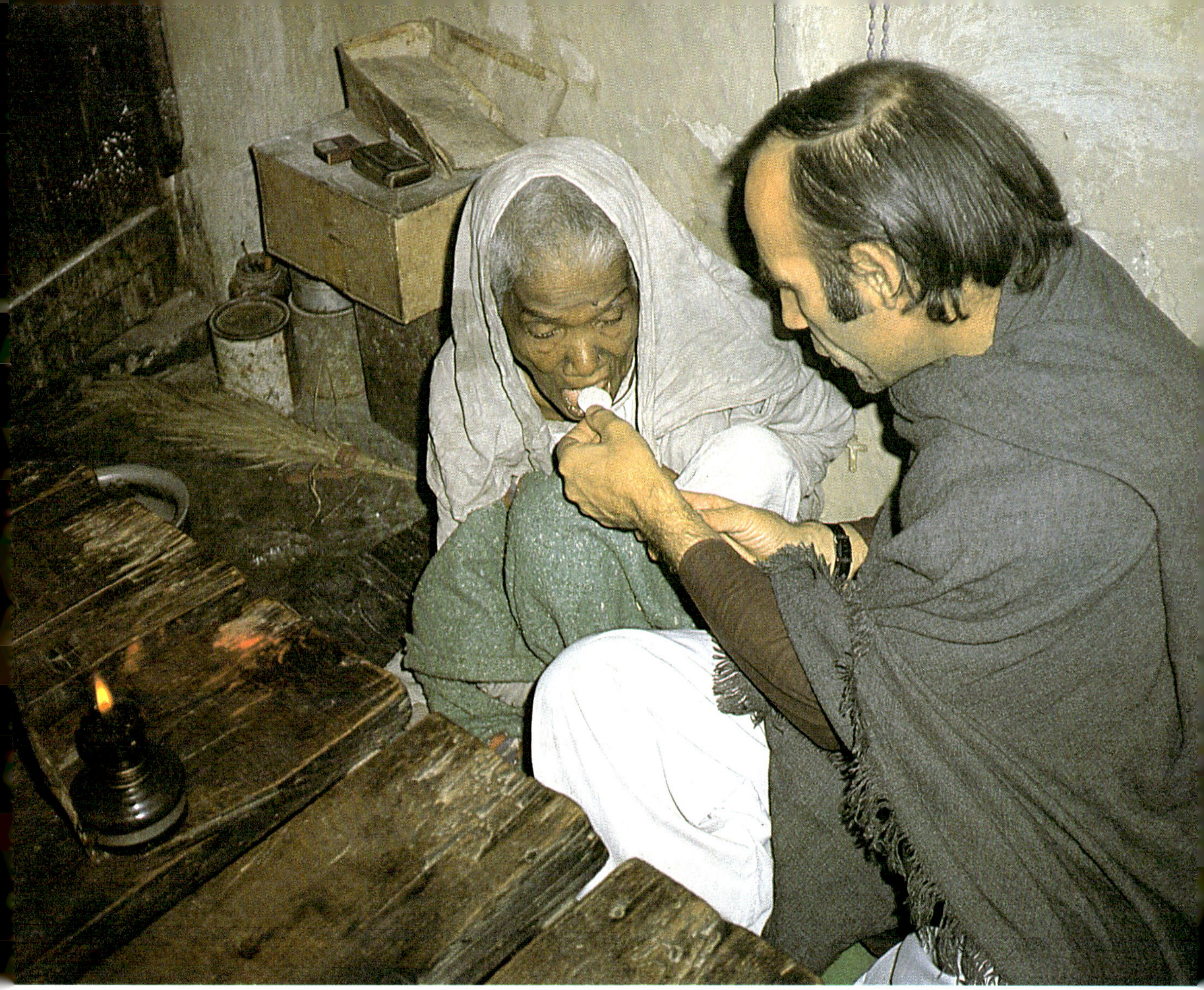

Allah, Jésus et un apôtre d'Occident au secours des flagellés

Nulle part au monde je n'ai senti avec plus d'intensité la présence de Dieu qu'ici où les heures et les événements de tous les jours baignent dans une spiritualité particulière. Chaque soir, quand les bruits du quartier s'apaisent, retentit l'appel d'un muezzin aussitôt suivi de la prière des femmes récitant, depuis le seuil de leurs mille taudis, des sourates du Coran. Puis, venant cette fois des lèvres hindoues, monte une syllabe indéfiniment répétée. « *Ôm... ôm... ôm...* », psalmodie le peuple de la Cité de la Joie. Invocation mystique qui permet depuis des millénaires aux hindous d'entrer en contact avec Dieu, ce *ôm* répand une étonnante paix intérieure.
Le religieux Paul Lambert l'égrenne régulièrement en intercalant entre chaque *ôm* le nom de Jésus. « C'est pour moi une façon de rejoindre la prière des habitants du bidonville qui approchent et vivent Dieu en permanence », m'a-t-il expliqué.
Rien ne stimule davantage le moral de l'apôtre de la Cité de la Joie que ses visites à une lépreuse chrétienne aveugle à laquelle il apporte quotidiennement l'eucharistie. Cette femme plongée au cœur de la misère la plus épouvantable rayonne d'une merveilleuse sérénité. Dès qu'elle entend le visiteur approcher, elle fait un effort pour se redresser. Puis, avec ce qui lui reste de mains, elle lisse sa chevelure en un pathétique geste de coquetterie. Quand le religieux s'assoit à côté d'elle, elle approche ses moignons de sa figure, les promène sur son cou, ses joues, son front, comme pour en palper la vie.
« Il y a plus d'amour dans l'effleurement de cette chair mutilée que dans toutes les étreintes du monde », avouera Paul Lambert qui ajoute aussi : « Cette femme est l'espérance. Sa souffrance est la même que celle du Christ sur la Croix. Elle est positive et rédemptrice. Je ressors chaque fois revivifié du taudis de ma sœur la lépreuse aveugle. Oui, ce bidonville mérite réellement son nom de Cité de la Joie. »

Le bidonville en fête pour un mariage

Étonnant : le peuple de la Cité de la Joie célèbre les événements profanes avec autant de faste que les fêtes religieuses. A chaque instant, se déroule quelque part une cérémonie. Ici, l'on fête à coups de cymbales et de trompette les premières règles d'une jeune fille car elle peut désormais être mère. Là, c'est la première dent d'un bébé qu'on honore en lui offrant sa première nourriture solide. Mais selon la tradition indienne, ce sont les mariages qui remportent la palme des réjouissances. Les pauvres se saignent alors à blanc, empruntant souvent pour des générations, afin de pouvoir offrir à leurs enfants de vraies noces de riches avec parures, dot, taxi, cadeaux et banquet.

Pendant que les invités à la noce arrivent en cyclo-pousse, le marié au visage voilé de mousseline se rend avec ses témoins au domicile de sa promise à bord d'un véhicule plutôt inhabituel dans ces ruelles : un taxi automobile.

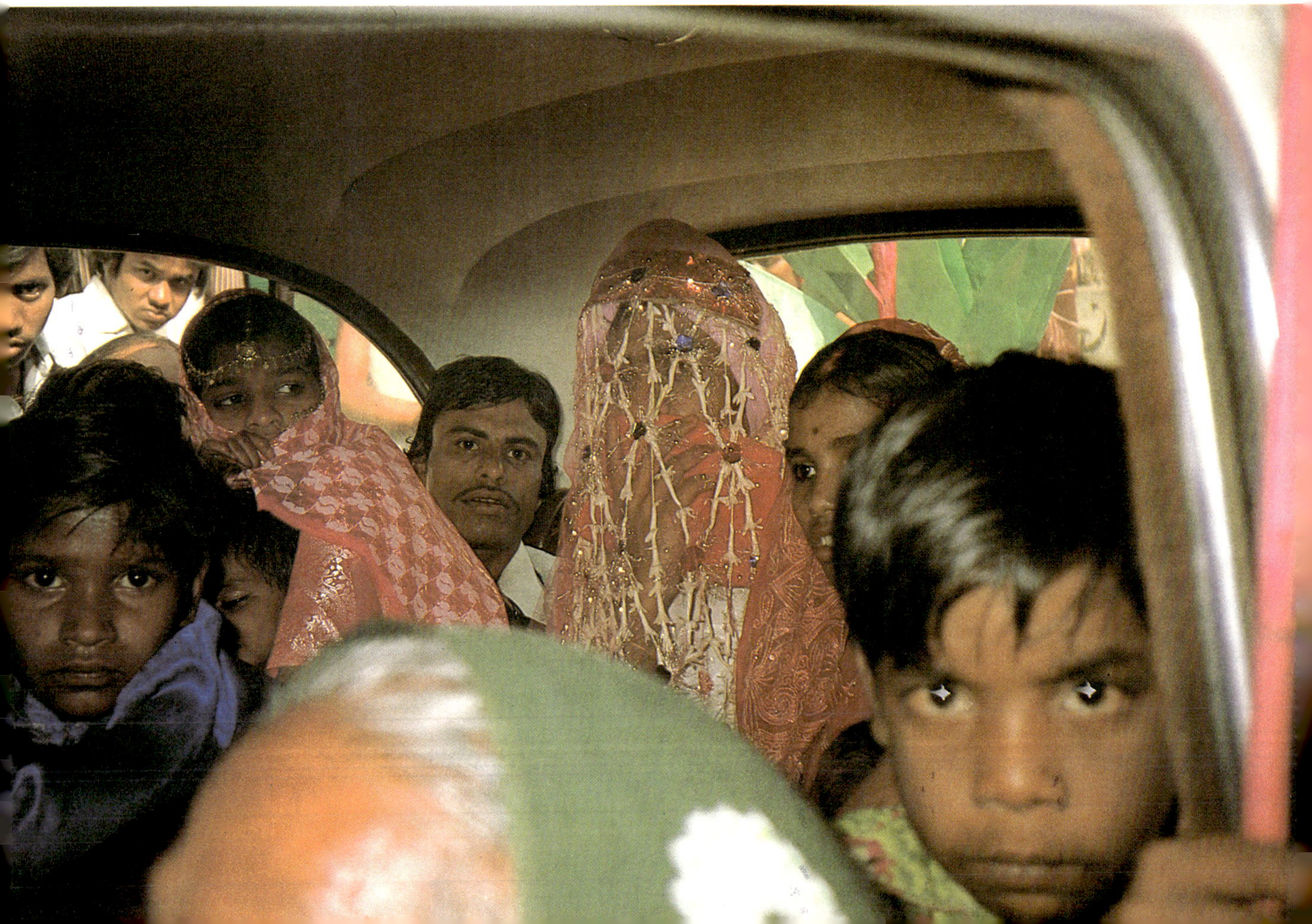

Décoré comme un char de la mythologie, le taxi du marié fait sensation tandis qu'au fond de son taudis sa promise l'attend, vêtue du sari rouge des noces, entourée de ses cadeaux, en compagnie des femmes de sa famille.

DES ENFANTS FLAMMES

Les enfants sont la vraie lumière du bidonville. Leurs sourires magiques et leurs jeux, même, comme ici, dans l'eau putride d'un égout, réussissent à colorer de beauté tout ce sordide univers où ils passent leur

D'ESPÉRANCE ET DE VIE

vie. C'est grâce à eux, à leur éclatante fraîcheur, à leur innocence nourrie de misère, mais aussi à leur vaillante participation à l'effort collectif de survie, que les adultes n'abandonnent jamais foi ni espérance.

La Cité de la Joie est avant tout le royaume des enfants. Leur insouciance, leur joie d'exister, leurs sourires magiques, leurs sombres visages rehaussés de regards lumineux colorent de beauté tout ce sordide univers. Si les adultes gardent ici l'espérance, n'est-ce pas grâce à eux, à leur éclatante fraîcheur, au sérieux de leurs jeux ? Sans eux, ce bidonville n'eut été qu'un bagne. De ce lieu de détresse, ils parviennent à faire un lieu de joie.

Ces poulbots de misère sont une leçon de courage avec leur belle joie de vivre.

Dans la seule courée de Paul Lambert, un espace putride de quelques mètres carrés où les rayons du soleil ne pénètrent presque jamais, j'ai recensé soixante-deux enfants. La rude école de la vie, c'est là qu'ils la découvrent en apprenant à se débrouiller seuls dès le plus jeune âge. Leurs mains étant leurs seuls outils, leur communion avec la nature est immédiate et profonde. Ils inventent leurs jouets. La ficelle que la petite Padmini attache à son pied gauche, avec une pierre au bout, fait une corde à sauter idéale car le sautillement laisse les mains libres pour la création simultanée d'une danse ou d'une mimique. Ses postures deviennent alors celles des divinités des temples. J'en suis ébloui : tout le génie de la danse indienne est contenu dans ce petit corps de misère. Une planche devient pour les garçons un chariot de Ben Hur sur lequel les aînés enthousiastes traînent les plus petits. Quelques cailloux et noyaux de fruits alimentent de furieuses parties de billes. Un jour, Mallika, la petite voisine de Lambert, confectionne une poupée avec des chiffons. S'apercevant qu'il y a bien assez de vrais bébés dans la courée pour pouvoir jouer à la maman, elle décide avec ses camarades de faire de la poupée un objet de culte. Elle sera Lakshmi, la déesse de la prospérité à laquelle les pauvres des bidonvilles de Calcutta vouent une vénération toute particulière.

Marelles, toupies, yoyos, cerceaux... L'énergie, l'ardeur, l'ingéniosité, le goût du jeu de ces petits êtres au ventre ballonné sont stupéfiants. Mais le jouet par excellence, le roi de tous les jouets, celui qui déchaîne autant de passion chez les parents que chez les enfants, qui suscite le plus d'émulation, de rivalités, d'affrontements, qui porte tous les rêves d'évasion et de liberté de ce peuple d'emmurés, ce jouet est un simple cadre de bois avec du papier et une ficelle. Ici, le cerf-volant est plus qu'un jeu. C'est le reflet d'une civilisation, le bonheur de se laisser porter, guider, dominer par les forces de la nature. C'est un art, une religion, une philosophie. Les lambeaux des centaines de cerfs-volants qui pendent aux fils électriques sont les oriflammes du peuple de la Cité de la Joie.

Les tout petits s'essayent avec du papier d'emballage. Dès l'âge de six ou sept ans, ils cherchent à perfectionner leurs aéronefs. Un morceau de *khadi*, un chiffon deviennent alors autant de voilures entre leurs mains. Ils les décorent de dessins géométriques et demandent à Lambert de calligraphier leur nom sur les ailes. Les engins plus sophistiqués, avec queue et dérive, sont les œuvres des plus grands. Les fils qui les retiennent sont parfois enduits de poudre de verre qui permet de sectionner les fils des cerfs-volants concurrents.

Sans les enfants, le bidonville de la Cité de la Joie ne serait qu'un bagne

Un soir, une bourrasque de pré-mousson précipite le lancement d'un de ces aéronefs. Toute la courée est prise de fièvre. Je me crois à Cap Kennedy à l'instant d'un envol pour l'espace. L'un des gamins grimpe sur le toit et court sur les tuiles pour lancer son oiseau de toile dans une turbulence ascendante. Chahuté par les rafales, le cerf-volant s'élève, encouragé à chaque bond par de joyeux vivats. Le garçon saute d'un toit à l'autre pour guider son engin, le retenir, l'orienter vers un courant plus fort. Plusieurs jeunes se sont brisé les os dans ce genre d'acrobaties. « Monte, monte encore ! » hurlent les gens. Le gamin a si bien manœuvré que le grand coléoptère blanc, deux rubans roses flottant derrière sa queue, passe au-dessus des lignes électriques qui traversent le bidonville. Une formidable ovation éclate. C'est la liesse. Les eunuques tapent sur leurs tambourins. Même Lambert se sent emporté par l'excitation générale. C'est alors qu'apparaît dans le ciel un deuxième cerf-volant. La courée musulmane d'à côté lance un défi. Dès lors, l'affaire devient trop sérieuse pour être laissée aux mains des enfants. Deux adultes s'emparent du fil de l'aéronef. Il faut à tout prix abattre le rival et le capturer. Des hommes de l'autre courée se hissent également sur les toits. Un duel sauvage s'engage, ponctué par les hurlements des supporters. Le jeu devient combat. Pendant de longues minutes, le résultat reste indécis. Chaque équipe manœuvre en vue d'accrocher le fil de l'autre. Une subite renverse de vent, immédiatement exploitée, permet à l'équipe de la courée de Lambert de bloquer l'ascension du cerf-volant musulman et de le pousser vers les fils électriques. C'est le délire. Furieux, les musulmans se jettent sur les deux hindous. Des tuiles commencent à voler en tous sens. D'autres hommes montent sur les toits. Du fond des courées, les femmes encouragent les combattants. Les deux aéronefs se heurtent, s'emmêlent et tombent finalement comme des feuilles mortes sur les lignes électriques. Au ras des toits, la bagarre ne cesse pas pour autant, faisant fuir des troupes de rats affolés. Une bagarre sans merci. Des corps roulent même à terre. Impuissant, je me réfugie au fond d'une chambre. Par la porte ouverte, je peux apercevoir les enfants de la courée. La tête levée, les yeux incrédules, ils contemplent avec désespoir « ces grandes personnes qui leur ont volé leur jeu et se battent comme des bêtes sauvages ».

Jouer pour oublier la faim

Pour les enfants de la Cité de la Joie, l'école de la vie est rude et c'est une école du réel. Leurs mains sont leurs seuls outils. Ce lien direct avec la matière nourrit très tôt leur instinct de créativité. Leur vie en sera marquée. Leurs jeux aussi, qui sont concrets, simples. Pas de jeux d'esprit, abstraits, pas de meccanos ni d'objets automatiques ou électriques.
Un vulgaire bout de carton devient un chariot. Les noyaux de fruits offrent des possibilités illimitées, de même que les cailloux, les osselets et les billes. L'imitation des adultes est très appréciée : jouer au marchand est le jeu favori des enfants.

Les billes de ces gamins sont des noyaux de fruits trouvés dans les poubelles. Pour le seul jeu de billes, il n'y a pas moins de 38 règles. S'accroupir pour jouer au marchand devient très vite une activité naturelle de survie.

Dans ce monde de grisaille, les jeux de chance et de hasard sont légion. Ils apportent rêve et espoir aux plus malheureux. Mais pour les gamins qui élèvent des poissons dans une bassine, jouer c'est déjà travailler pour survivre.

Ici, l'eau est la véritable divinité des enfants. Toutes les occasions leur sont bonnes pour patauger et se doucher. Le transport des seaux d'eau est l'une des fonctions principales des plus jeunes. Non sans inconvénients : le poids des récipients conduit souvent à des déformations graves du squelette de ces petits corps mal nourris.

La moto du parrain et les santons de Krishna pour divinités

L'arrivée de la grosse moto du « parrain » suscite la ruée immédiate des enfants. Avec ses chromes étincelants et sa selle en peau de léopard, cet engin dépasse en splendeur les chars de la mythologie hindoue. Mais, ici, la religion ne perd jamais ses droits. Elle imprègne les enfants dès leur plus jeune âge. Ce sont eux qui installent dans chaque courée les petits reposoirs ou crèches avec leurs dieux et leurs déesses, qui disposent les étoffes, chiffons, fleurs et guirlandes pour la décoration des autels. Plusieurs fêtes par an sont presque entièrement consacrées aux enfants.

Pour l'anniversaire de Krishna, ce jeune garçon a installé dans un coin de son taudis la traditionnelle petite crèche-prison qui rappelle que ce dieu est né en captivité, et cette fillette a décoré le petit autel de sa courée.

Rencontrés au détour d'une ruelle, ces visages pétillant d'espièglerie résument l'héroïsme de ce quartier de misère. Mais sait-on que ces flammes de vie n'ont d'autre avenir que le cadre de leur bidonville ? Qu'elles n'ont qu'une assiette de riz pour apaiser leur faim ? Qu'elles n'ont d'autres jouets que des poupées de

guenilles et, qu'à 8 ou 9 ans, elles se lèvent chaque matin à 5 heures pour s'occuper jusqu'à la nuit de toutes les tâches domestiques de leur famille ? Leur sourire illumine de beauté et de bonheur la grisaille et la tristesse du décor. Sans les enfants et leur joie de vivre, ce bidonville ne serait qu'un bagne de désespoir.

Des fillettes déjà mamans avant d'être mères

Le temps des jeux ne dure guère pour les fillettes de la Cité de la Joie. Dès l'âge de 6 ou 7 ans, elles sont en charge de toutes les tâches domestiques du foyer, même les plus ingrates. Du matin au soir, elles font avec le sourire leur apprentissage de futures maîtresses de maison. Toute leur vie est désormais axée vers le but ultime qui doit la couronner : le mariage. Leur mère leur enseigne toutes les connaissances requises pour devenir une épouse et une mère modèle. Car, ici, les parents savent qu'ils seront jugés sur la façon dont leur fille se comportera dans la maison de son mari et vis-à-vis de ses beaux-parents.

Ici, la tendresse et les soins d'une sœur remplacent souvent la présence de la mère accaparée par d'autres tâches. Pour les fillettes de la Cité de la Joie, c'est l'occasion d'apprendre à être maman avant d'être mère.

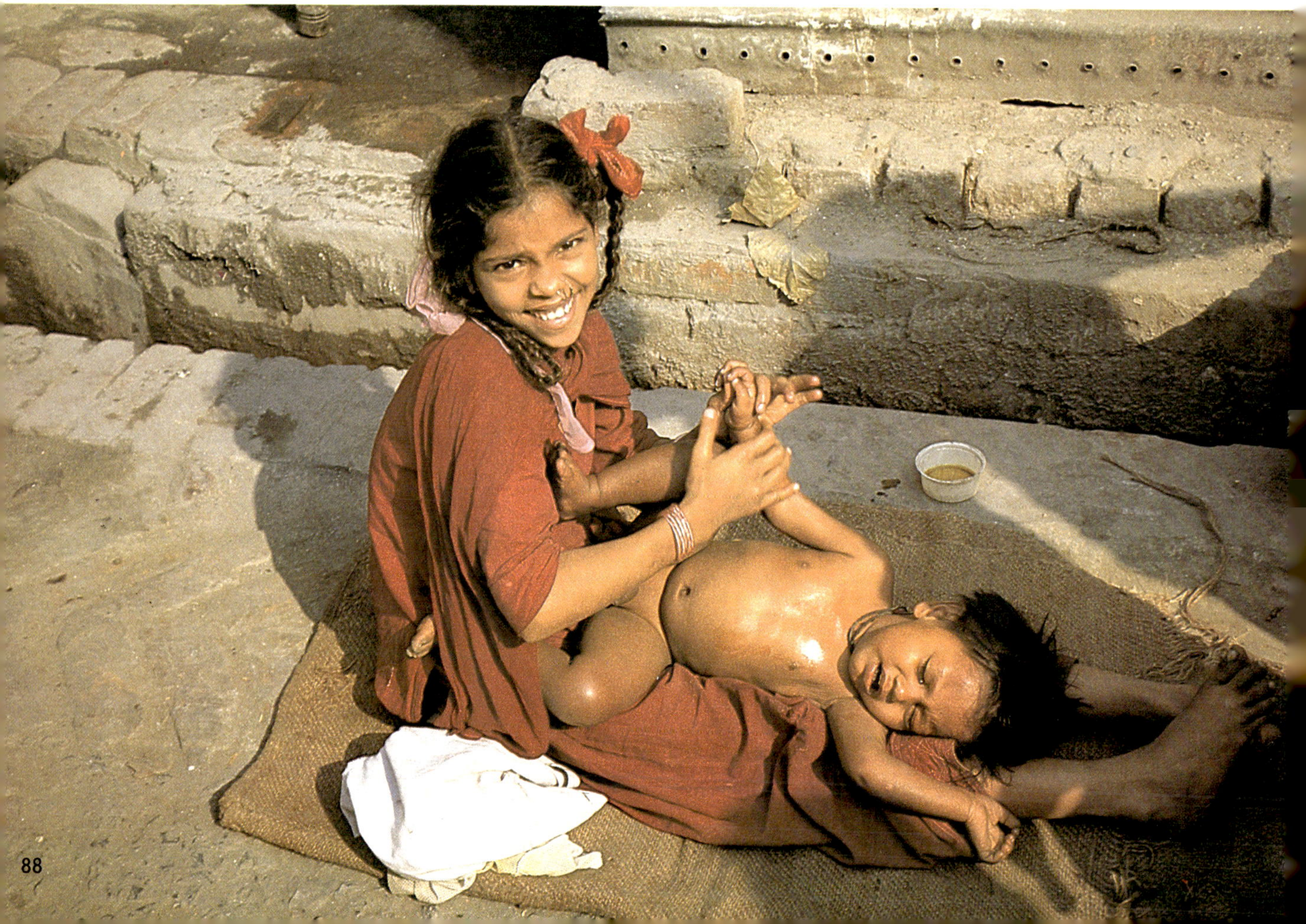

Le rêve des enfants : apprendre à lire et à écrire

Ici, l'école est un rêve presque toujours inaccessible. Moins d'un enfant sur trois a la chance de fréquenter l'un des petits établissements surchargés où, faute de place, les cours sont bien souvent donnés dans la rue.
Les classes se poursuivent de 6 heures à 21 heures, par tours de 3 ou 4 heures.
L'enseignement s'inspire encore des vieux principes du système victorien : le « par-cœur », l'automatisme et la répétition.
Mais l'école reste ici un idéal magique, la possibilité d'accéder au savoir des *pandit*, la clé vers l'espoir de pouvoir un jour « s'en sortir » en quittant le bidonville pour la « ville ».

Ces petites musulmanes fréquentent l'une des écoles coraniques où l'essentiel de l'enseignement consiste à répéter indéfiniment la mélopée des sourates. Quelques privilégiées parviendront à entrer à l'École Pigier locale.

Gamins et fillettes n'ont souvent pour salle de classe qu'une véranda au bord de la ruelle. Au bout de quatre heures, ils céderont la place à d'autres écoliers. Les groupes d'élèves appliqués se relaient du matin à la nuit.

Cette gamine a eu la malchance de venir au monde dans l'un des endroits les plus déshérités de la planète. Son espérance de vie ne dépasse guère 40 ans. Son rire illumine pourtant d'un éclat magique ce sinistre décor où même le chef du gouvernement (alors Indira Gandhi) est représenté sous les traits d'une fée

Carabosse armée d'un long couteau d'assassin. La faucille et le marteau représentés sur l'affiche un peu plus loin sont l'emblème du parti politique au pouvoir à Calcutta. Dans cette ville de misère, beaucoup d'adultes se sont tournés vers le mythe sauveur du communisme dans l'espoir de donner à leurs enfants un avenir meilleur.

DES GOSSES FORÇATS DÉCIDÉS A SURVIVRE

Dès l'âge de 7 ou 8 ans, les enfants doivent quitter leurs jeux ou l'école pour concourir à la survie collective en exerçant un emploi. Un salaire de plus dans une famille, même un dixième de salaire, c'est déjà un repas de plus. Employés à tourner des ustensiles de ménage, ces gamins passent de 10 à 12 heures par jour dans un atelier presque sans lumière ni aération. Pour eux, il n'y a ni vacances, ni dimanches.

Ils gardent leurs sourires d'angelots

L'article 24 de la Constitution indienne stipule que « aucun enfant ne peut être mis au travail dans une fabrique ou une mine, ni occupé à aucun autre poste dangereux ». Mais, pour des raisons de rendement, une grande partie de la main-d'œuvre des ateliers et des fabriques est extrêmement jeune. Au moment de l'embauche, un enfant a, en effet, presque toujours la préférence : ses petits doigts sont plus habiles et il se contente d'un salaire minime. Il offre, en outre, toutes les garanties de docilité, même pour les tâches les plus dangereuses, telle la fabrication des stylos qui oblige des gamins de 8 ou 10 ans à respirer à longueur de journée des vapeurs toxiques, ou celle des allumettes et des feux de Bengale qui empoisonne au soufre leurs petits ouvriers. Beaucoup d'enfants travaillent aussi dans les cafés ou gargotes du bidonville. Chacun occupe une fonction précise. L'un apporte l'eau, un deuxième le plat, un troisième lave la table et un quatrième racole les clients. D'autres sont aides-vendeurs dans les échoppes de légumes, de sandales, de bétel. D'innombrables jeunes pratiquent aussi, comme les adultes, les mille et un petits métiers de la rue où le système D est roi. Enfin, les enfants des plus pauvres, ceux des mendiants et des lépreux, font ce qu'ils ont toujours fait depuis qu'ils sont au monde : diriger un aveugle, crier la misère en accompagnant un mendiant, pousser le chariot d'un cul-de-jatte, ou chaparder à l'étalage dans les rues élégantes de Calcutta

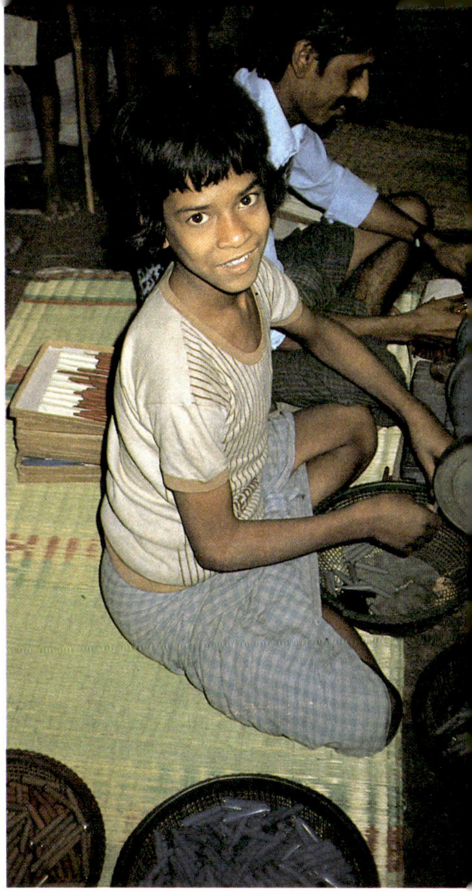

Comme les adultes, les gamins de la Cité de la Joie peinent aux tâches les plus rudes. Ils tournent dans des ateliers des pièces sur des machines-outils, d'autres fabriquent des stylos à bille ou des chaises en métal. Leur docilité au travail, l'habileté de leurs petits doigts et leur maigre salaire les font souvent préférer aux adultes.

Des doigts agiles des enfants de la Cité de la Joie sortent, chaque jour, quelques-unes des merveilles de l'artisanat indien. Dès leur plus jeune âge, les fillettes apprennent à coudre, à broder et à tricoter. C'est à la fois une façon pour elles de se préparer au plus grand événement de leur vie, leur mariage, et de participer à la survie de leur famille. Les sœurs de Mère Teresa et les responsables du *Seva Sangh Samiti*, le comité d'entraide du bidonville, ont créé des ateliers où des jeunes filles tissent et ornent des châles, des nappes et du linge de maison qui sont ensuite vendus dans les magasins et parfois exportés à l'étranger. Les jeunes filles de la Cité de la Joie ont même appris la fameuse technique du batik pour décorer les étoffes.
Ces enfants sont une merveilleuse raison de croire et d'espérer en des lendemains meilleurs.

Ces enfants nourris de misère sont devenus des maîtres de l'artisanat indien. Leurs travaux sont parfois de réels chefs-d'œuvre vendus dans toute l'Inde et même exportés à l'étranger grâce à des associations de soutien.

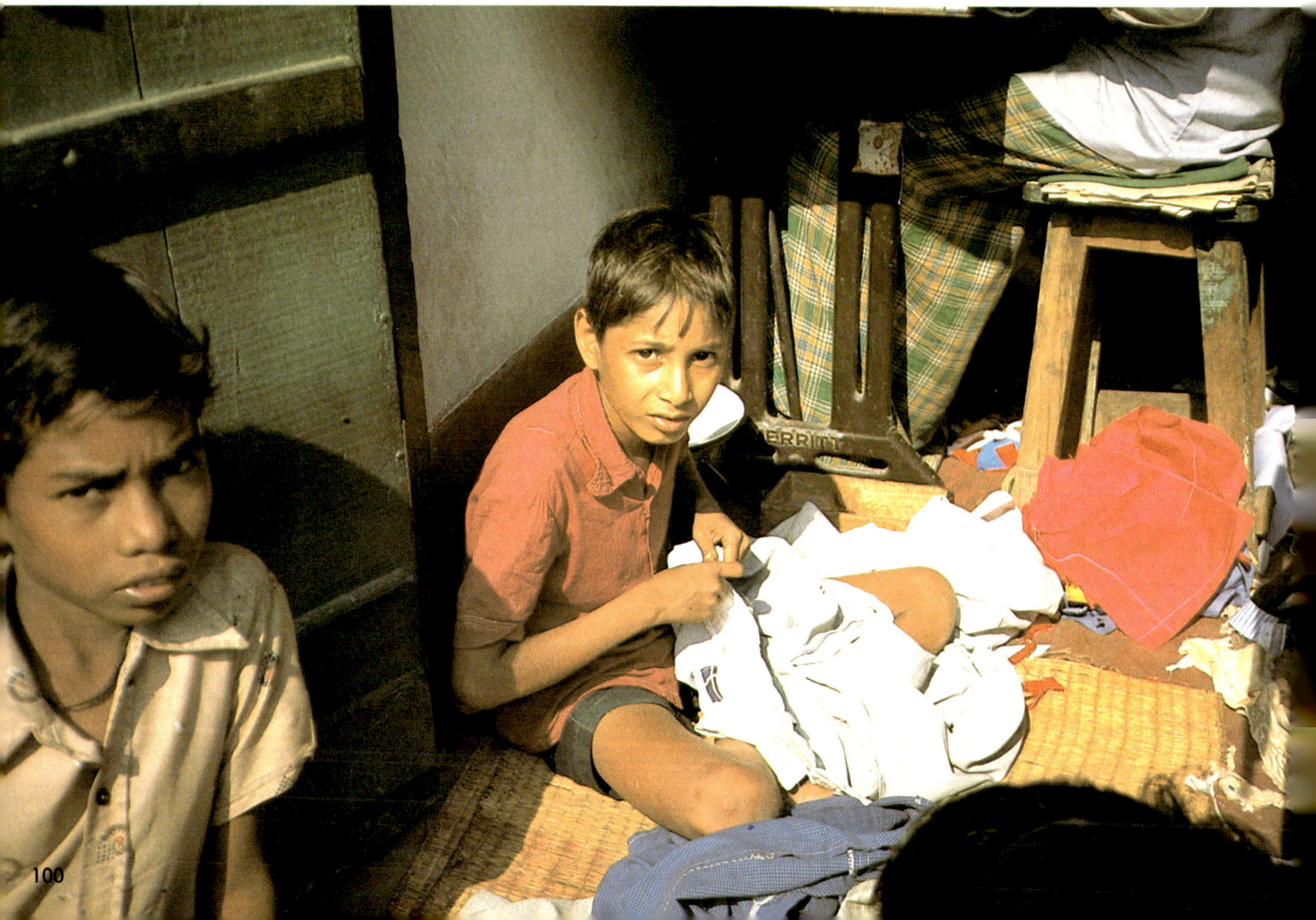

Dans cette ville, les enfants ne sont jamais à cours d'imagination pour gagner quelques roupies. Ils se font gargotiers, ou élèvent des chiens et des poissons rouges pour les vendre aux enfants favorisés des quartiers chics.

Un eldorado d'immondices pour les enfants chiffonniers

A l'aube, les petits chiffonniers de la Cité de la Joie quittent leurs taudis, traversent toute la ville accrochés aux roues de secours ou aux flancs des autobus, pour retrouver la décharge municipale de Calcutta, terre promise et cadre de leurs exploits quotidiens.
Sous un soleil de feu et dans une puanteur insoutenable, ils fouillent à mains nues les monceaux d'ordures dans l'espoir de trouver quelques débris qu'ils pourront vendre.
Tous cherchent aussi avec ardeur les déchets de nourriture que les vautours leur disputent en piquant sur eux comme des avions.

L'arrivée de chaque camion déclenche une ruée frénétique de chiffonniers. Les ordures des hôtels des quartiers chics et des hôpitaux sont les plus convoitées : flacons, vieux pansements, seringues, vêtements et déchets de nourriture sont autant de trésors cotés au maximum à la bourse des valeurs de la décharge publique.

Les jeunes chiffonniers n'hésitent pas à ramper sur les tas d'ordures pour se glisser derrière les pelles des bulldozers afin d'être les premiers à explorer la manne retournée. Ils fouillent à main nue ou avec des crochets. Beaucoup ont péri étouffés par l'énorme masse compacte des immondices ou écrasés par les chenilles.

Une moisson de misère pour des ventres affamés

Les petits chiffonniers apportent leurs paniers remplis de vieux tubes de dentifrice, de piles hors d'usage, de semelles de caoutchouc, etc., aux revendeurs installés sur la décharge qui leur achètent ces misérables trésors pour 1 ou 2 roupies (0,80 à 1,60 franc).
Chaque fouilleur a sa spécialité : le bois, le métal, le plastique, le verre, les guenilles, les déchets de nourriture.
Chaque soir, des grossistes passent avec leur camion récolter cette manne qui, une fois triée et nettoyée, sera revendue à des usines pour y être recyclée.

La décharge est un véritable bazar, avec ses marchands d'esquimaux, ses vendeurs d'eau, et même ses baby-sitters qui veillent, à l'ombre d'un parapluie, sur les bambins trop petits pour fouiller avec les grands.

DES SAINTS VENUS

Mère Teresa et le religieux Paul Lambert, l'une célébrissime, l'autre pratiquement inconnu, luttent depuis des années aux côtés des plus pauvres pour les aider dans leur malheur et leur donner des raisons

POUR APPORTER L'ESPOIR

d'espérer. Dans la Cité de la Joie comme ailleurs, leur croisade a suscité des milliers de vocations indiennes qui s'adonnent aujourd'hui avec désintéressement et amour au service de leurs frères déshérités.

Pour devenir le frère des crucifiés du bidonville, Paul Lambert décide de connaître la faim

Vaincre la barrière de la langue ! Faute de professeur, Paul Lambert décida d'apprendre le hindi, parlé par la majorité des habitants, d'une façon plutôt originale. Chaque matin après une heure de méditation, il entreprit de se donner une leçon de hindi grâce aux textes qu'il connaissait mieux encore que les lignes de sa main, les Évangiles. Il s'asseyait sur sa natte, le dos bien calé contre le mur, les jambes repliées dans la position du lotus, sa Bible de Jérusalem en français posée sur une cuisse et, sur l'autre, un exemplaire des Évangiles en hindi. La gracieuse et mystérieuse calligraphie de cet ouvrage faisait penser aux hiéroglyphes égyptiens. Comme l'illustre Champollion, Lambert comprit qu'il lui faudrait d'abord trouver une clé. Il la chercha patiemment en examinant un à un les versets en hindi dans l'espoir d'y découvrir un nom de personne ou de lieu qui n'aurait pas été traduit. Après plusieurs jours de recherches, ses yeux tombèrent enfin sur un mot de dix lettres imprimé en majuscules latines. Il identifia aussitôt le chapitre dont il provenait et put sans peine inscrire en face de chaque mot hindi sa correspondance en français. Il ne lui restait qu'à décortiquer chaque lettre l'une après l'autre pour trouver sa transcription et reconstituer un alphabet. Ce mot clé lui parut doublement symbolique. C'était le nom d'une ville à l'image de celle où il se trouvait, une ville où des foules de pauvres s'étaient rassemblées pour se tourner vers Dieu. C'était aussi le symbole d'un enchevêtrement inextricable de choses et de gens comparable au bidonville de la Cité de la Joie. Ce mot magique était Capharnaüm.

Mais pour devenir le frère authentique des crucifiés du bidonville, il ne suffisait pas de vivre au milieu d'eux et de parler leur langue. Il fallait d'abord et surtout connaître et partager leur angoisse fondamentale. L'angoisse qui conditionne tous les instants de leur vie : la faim. La Faim avec un grand F. La faim qui tenaille depuis des générations des millions d'hommes d'ici au point que le vrai clivage entre les riches et les pauvres se situe au niveau du ventre. Il y a les *do-bela* qui mangent deux fois par jour, les *ek-bela* qui ne mangent qu'une seule fois, et les autres qui ne sont même pas assurés d'un repas quotidien.

Quelques jours après son arrivée, Paul Lambert demanda à sa voisine Selima de lui préparer ses repas. Il exigea que cette nourriture soit la même que celle de la famille. Le lendemain à midi, l'une des filles de Selima lui apporta une assiette avec son repas du jour. Une louche de riz, un peu de choux et de navets, un peu de *dal* – cette purée de lentilles qui fournit bien souvent leurs seules protéines aux pauvres de l'Inde. C'eût été une ration de roi pour les autres *ek-bela* du bidonville.

Comme il ne faisait pas d'efforts physiques épuisants, le religieux supporta vaillamment son nouveau régime pendant les deux premiers jours. Quand il sentait quelques tiraillements, il allait boire un gobelet de thé au lait sucré chez le vieil hindou d'en face. Mais le troisième jour, de violentes crampes accompagnées de vertiges et de sueurs glacées commencèrent à lui tordre le ventre. A peine avait-il avalé son unique repas qu'il s'écroula sur sa natte, terrassé par la douleur. Il essaya de prier, mais son esprit lui parut aussi vide que son estomac. Le lendemain et les jours suivants, la faim ne lui laissa aucun répit. Il avait honte. Si peu de gens ici avaient la chance de manger une fois par jour une assiettée semblable à celle que lui cuisinait Selima ! Il nota les réactions de son organisme. Son pouls s'était considérablement accéléré, sa respiration aussi. « Vais-je pouvoir tenir ? » s'inquiéta-t-il, humilié de se sentir déjà réduit à l'état de loque alors que ses compagnons de misère, avec moins de calories, travaillaient comme des bêtes de somme. Au bout de quelques jours pourtant, les troubles disparurent et la sensation de faim s'estompa comme par enchantement. Son corps s'était adapté. C'est alors qu'il commit une erreur fatale. Un visiteur de France lui ayant apporté une boîte de quenelles de Lyon et un camembert, il alla offrir ces spécialités de son pays à ses voisins si démunis. Ceux-ci ne les acceptèrent qu'à la condition que Lambert les partageât avec eux. Cet écart eut un effet désastreux : il réveilla son appétit de façon incontrôlable. Les nausées, les crampes, les accès de sudation, les vertiges réapparurent avec une acuité accrue. De jour en jour, Lambert se sentit faiblir. Ses muscles fondirent à vue d'œil. Ses bras, ses cuisses, ses jambes et ses pectoraux s'étaient comme vidés de leurs fibres. Il avait perdu plusieurs kilos. Aller remplir son seau à la fontaine, la moindre tâche exigeaient de lui des efforts démesurés. Il avait du mal à rester debout plus d'une demi-heure. Il souffrait d'hallucinations. Des cauchemars hantaient son sommeil. Il en arrivait à bénir la sarabande des rats qui le réveillait au moment où, dans ses rêves, un défilé sans fin d'hommes décharnés arrivait jusqu'à lui. C'était une expérience vécue de la faim en soi. Au physique comme au moral, Paul Lambert avait rejoint la condition de la majorité des habitants de la Cité de la Joie. Il avait atteint son but.

Et pourtant, il n'était pas dupe. Il connaissait l'exacte portée de son expérience et ses limites. « J'étais comme ces naufragés volontaires qui savent que l'on viendra les secourir au bout d'un certain laps de temps. Alors que le drame des vrais naufragés, c'est le désespoir. Je savais, moi, que si ma faim dépassait les limites supportables, je n'avais qu'un geste à faire pour me rassasier. Que s'il m'arrivait un quelconque ennui de santé, il y aurait trente-six personnes pour se précipiter à mon secours. Alors que mes frères d'ici sont, eux, de vrais naufragés. Aux hurlements de leur ventre vide s'ajoute la détresse de ceux qui n'ont aucun secours à espérer. »

Elle a donné l'exemple à des milliers d'autres apôtres.

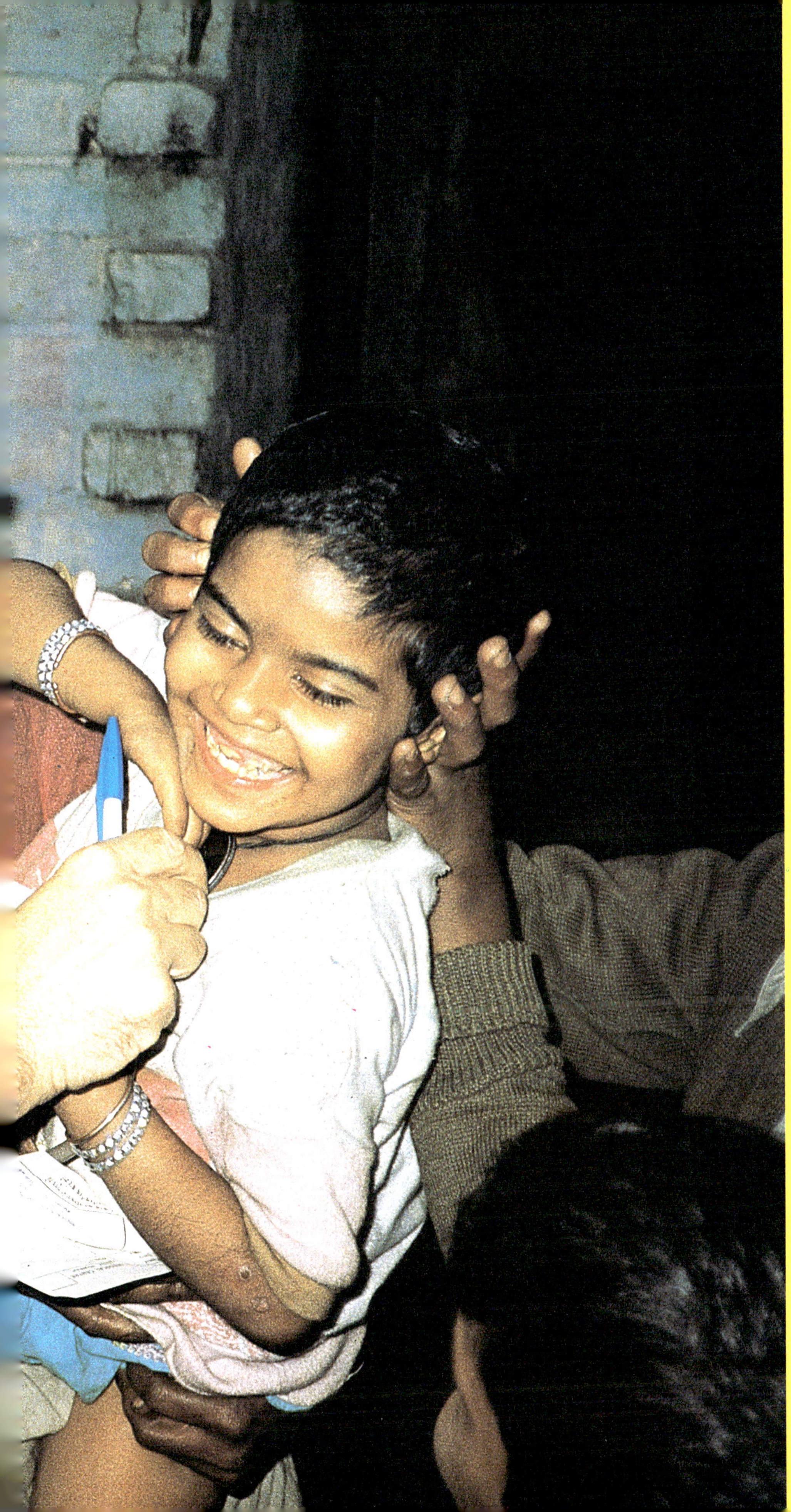

La consultation du grand frère blanc

L'implantation, grâce à des dons venus de France, de toute une infrastructure médicale a permis de faire reculer la mortalité infantile ces dernières années dans la Cité de la Joie. Mais celle-ci reste très élevée : 267 pour 1 000. L'environnement extrêmement malsain, la malnutrition chronique, les superstitions et l'absence de toute notion de contagion ne facilitent guère la tâche de Paul Lambert et des équipes de soins. Si la tuberculose est la tueuse numéro 1, quel que soit l'âge, la typhoïde, le tétanos, la malaria, la poliomyélite et les maladies de peau font régulièrement des ravages.

Chaque jour, un raz de marée envahit les dispensaires du bidonville et la consultation de Paul Lambert. Les mères espèrent un miracle de leur grand frère, le sorcier blanc. Le prêtre et son équipe font tout ce qu'ils peuvent avec le peu de médicaments dont ils disposent. Le plus insupportable, ce sont tous ces bébés rachitiques au ventre ballonné, véritables petits monstres que des mères suppliantes viennent déposer sur la table des équipes de soins. A 1 an ou 18 mois, ils ne pèsent même pas 3 kilos. Ils souffrent de telles carences que leurs fontanelles ne se sont pas fermées. Privée de calcium, l'ossature de leur crâne s'est déformée et leur faciès dolychocéphale leur donne à tous un petit air de momie égyptienne.
A ce niveau de malnutrition, la plupart de leurs cellules grises sont probablement détruites. Et même si l'on arrivait à les sauver, ils ne seraient pas normaux.

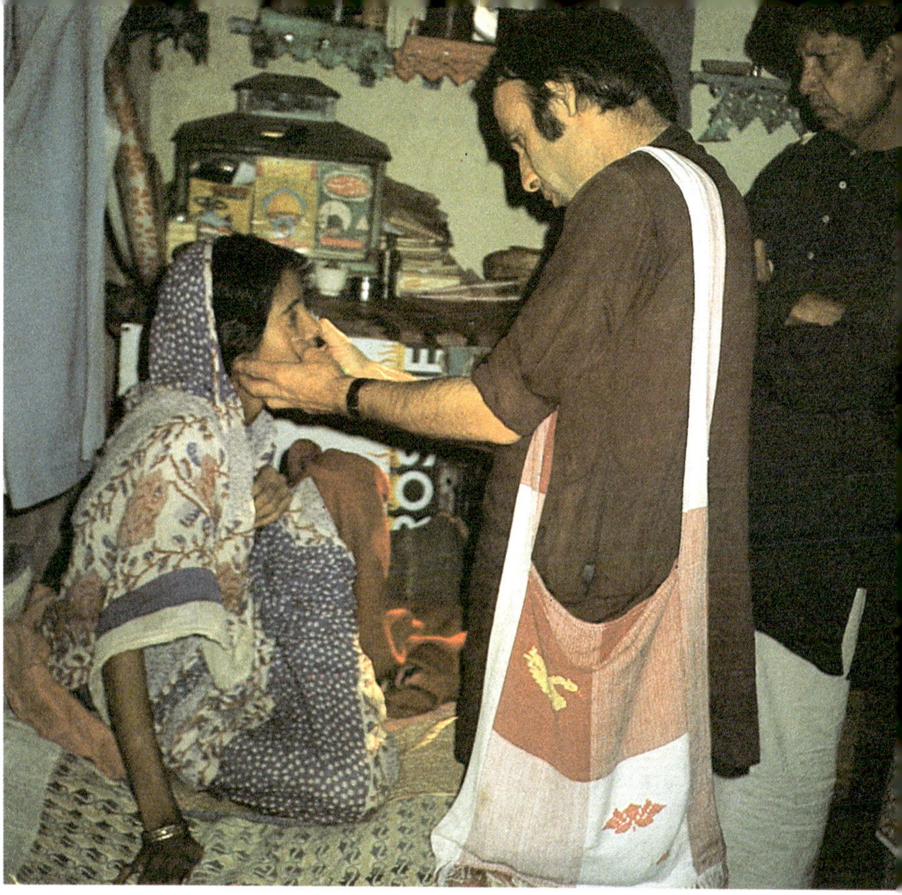

Lambert et les équipes de soins de la Cité de la Joie examinent plus de 1 000 cas par jour. Grâce à cet acharnement et à un formidable effort d'éducation, la mortalité a beaucoup régressé ces dix dernières années.

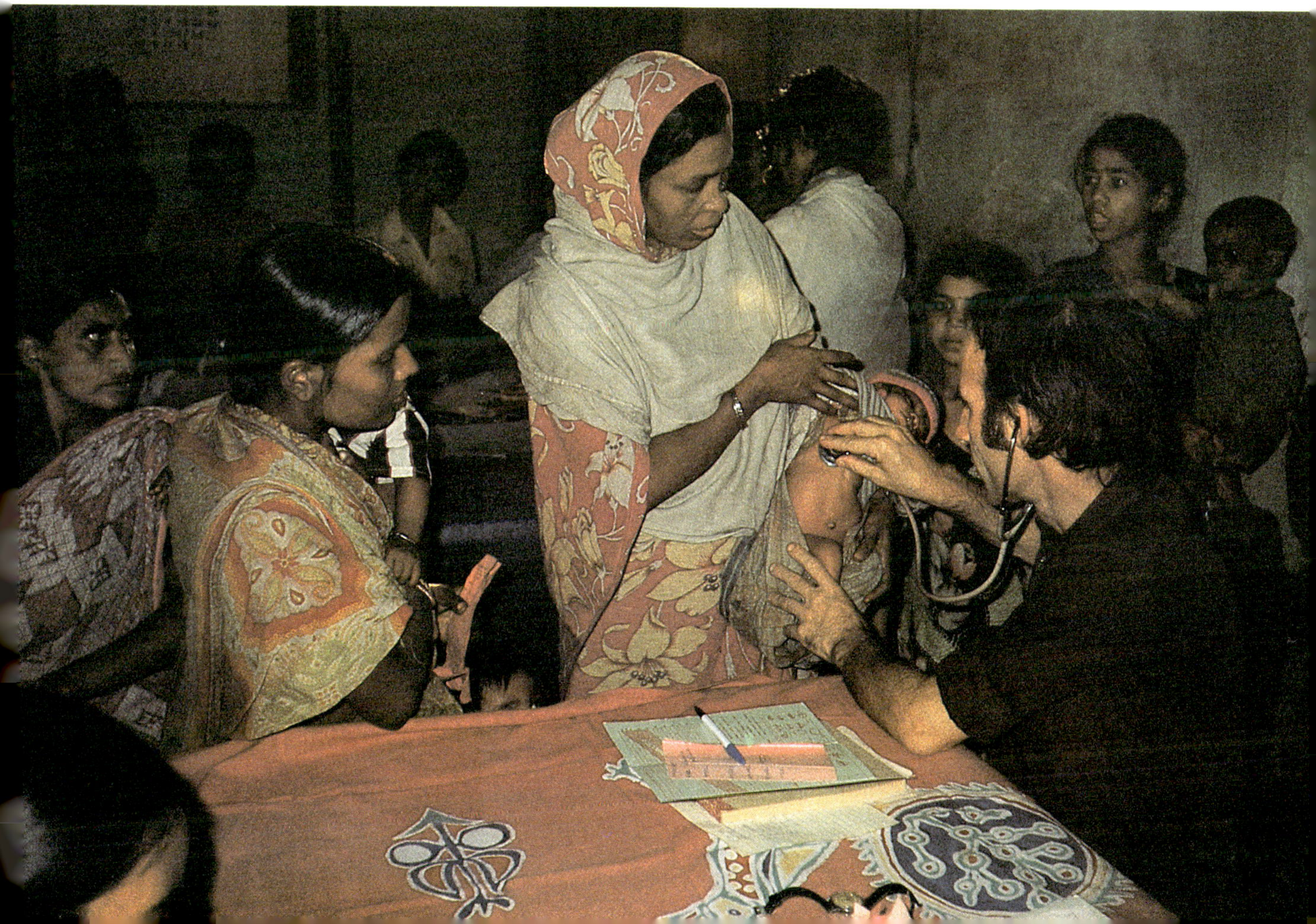

Une traque de limier et un cœur d'apôtre pour dépister les détresses les plus cachées

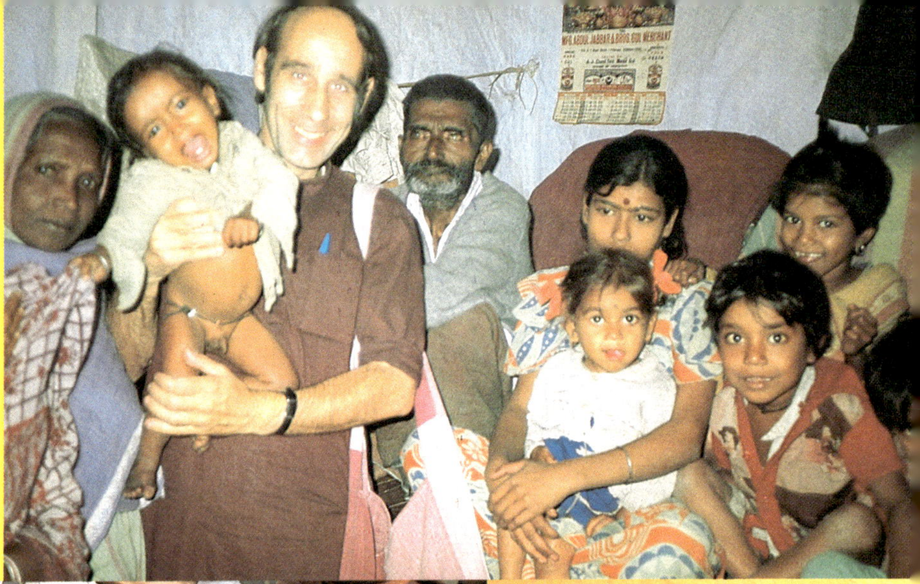

Aucun médecin n'avait jamais mis les pieds, jusqu'à une époque récente, dans cet endroit de misère où il faut sans cesse courir au secours des détresses. Paul Lambert et ses équipiers parcourent ainsi, plusieurs heures chaque jour, les ruelles et les courées. Et leurs découvertes sont souvent étonnantes, comme ce cas de variole que toute une courée hindoue traitait en chantant des hymnes et en jouant du tambour. Ou ce cas de lèpre qu'une famille accueillait avec fatalité comme une malédiction des dieux. Dans bien des taudis également, des maladies de peau très graves sont soignées avec n'importe quel ingrédient pourvu qu'il ait été béni par le brahmane ou offert en sacrifice. Ailleurs, ce sont amulettes ou gris-gris « pour chasser le mauvais œil » qui servent fréquement de traitement.

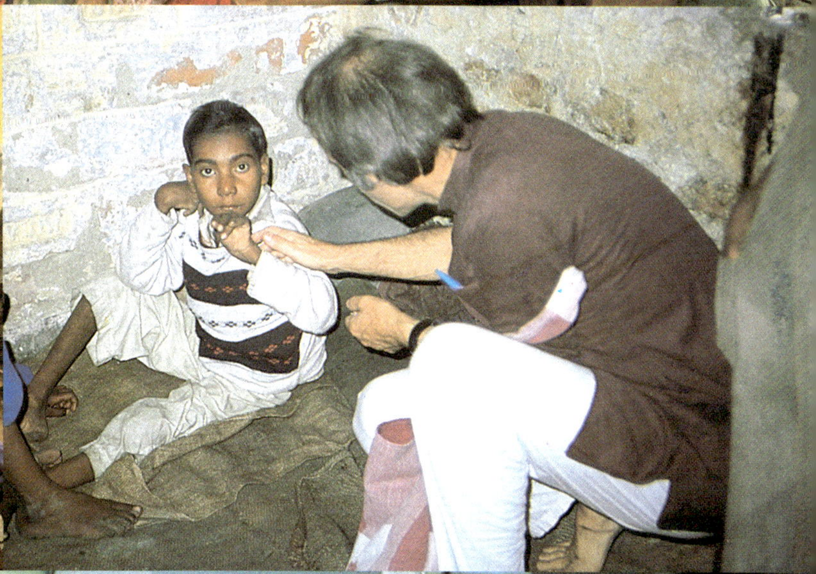
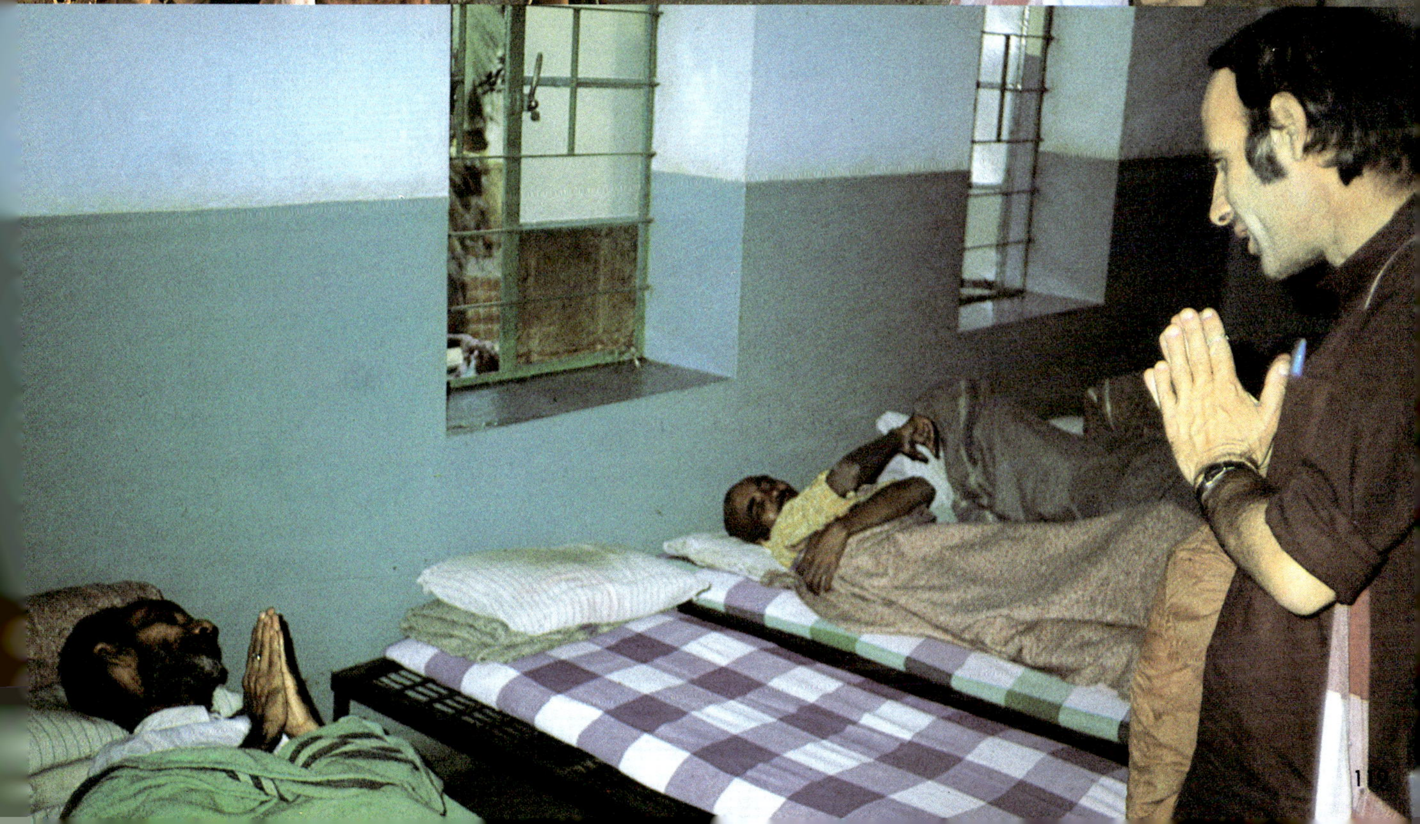

Une chambre de 3 m² sans fenêtres ni lumière pour le « Grand Frère » des pauvres

Paul Lambert a choisi d'être un pauvre comme les autres dans sa chambre en plein cœur d'une petite courée de cent personnes qu'il partage, la nuit, avec les enfants de ses voisins tuberculeux. Il n'y a aucun meuble, pas même un lit de camp. Lambert dort à même le sol et conserve ses quelques possessions - un peu de linge, son blaireau et son rasoir, sa Bible de Jérusalem - dans une cantine en fer blanc où les cafards, aidés par l'humidité, ont réussi à pénétrer. Sur les poutres de bambou de la charpente et sous les tuiles du toit nichent des familles de rats qui, la nuit, se poursuivent en couinant le long des murs et sur le sol. Lézards, scorpions, scolopendres, punaises, mouches et moustiques habitent également les lieux. L'été, les cataractes de la mousson qui font déborder les latrines et les égouts contraignent Lambert à se réfugier sur de petits échafaudages de planches pour échapper à l'inondation. L'absence de fenêtres oblige le religieux à garder sa porte perpétuellement ouverte. Neuf mois de l'année durant, la température dans sa chambre dépasse 40°C avec un taux d'humidité qui atteint cent pour cent.

Les journées de Lambert commencent avant l'aube, c'est-à-dire avant même le réveil de ses voisins. C'est le seul moment où le religieux peut disposer d'un peu de silence pour « recharger ses batteries » par son dialogue quotidien avec Dieu. Devant le petit oratoire aménagé à l'occasion de Noël par des chrétiens du bidonville, Lambert fait le vide, se tourne vers le Seigneur, s'abandonne en lui pour se laisser interpeller. Parfois, il ouvre les Évangiles au hasard et s'arrête sur une phrase. Il en décortique alors chaque mot, chaque syllabe, et les retourne dans tous les sens, nourrissant ainsi sans cesse sa méditation.

Un matin, j'ai enregistré la prière de ce saint qui vit parmi les pauvres de l'Évangile : « Jésus de la Cité de la Joie, aie pitié de tous les innocents martyrisés de ce lieu de souffrance qui, tous les jours, commémorent ici ton sacrifice. Jésus de la Cité de la Joie, toi la voix des hommes sans voix, toi qui souffres à l'intérieur de tous ces êtres, permets-nous de te dire ensemble, eux et moi, que nous t'aimons. Et de te dire aussi à toi qui es la lumière et le salut du monde qu'ici, dans la Cité de la Joie, nous vivons dans la nuit.

Alors, toi qui es notre lumière à tous, Jésus, nous avons besoin de toi. Sans toi nous sommes perdus. Jésus, fais que ce bidonville mérite son nom, qu'il devienne vraiment la Cité de la Joie. »

Il a fallu plusieurs mois pour que les habitants de la Cité de la Joie acceptent la présence de Paul Lambert. Les gens se demandaient ce qui pouvait pousser le citoyen d'un pays riche à venir partager l'extrême misère de leur quartier. Ce n'est que lorsque Lambert a demandé à ses voisins de lui préparer ses repas - avec le même

menu que le leur - que la glace a commencé à fondre. La guérison d'une petite voisine presque aveugle et la preuve que cet homme de Dieu n'était pas venu pour convertir les musulmans et les hindous au christianisme mais pour partager leur pauvreté et pour leur venir en aide, l'ont fait entrer dans la grande famille indienne.

L'amour d'une sainte pour les hommes abandonnés

Ici, viennent mourir dans la paix et la dignité les épaves sans ressources ni famille des trottoirs et des bidonvilles de Calcutta. Mais l'hospice de Mère Teresa, visité par Jean-Paul II, n'est pas un mouroir. Grâce aux soins de la religieuse, de ses sœurs et de soignants bénévoles venus du monde entier, la moitié des mourants repartent guéris.

Des petites Indiennes à peau noire à l'assaut de la misère

Bénie sois-tu, Calcutta, car dans ton malheur tu as su enfanter des saints. Des saintes indiennes de 20 ans à la peau sombre, venues de tous les coins du pays pour prendre le voile blanc et bleu des Missionnaires de la Charité et apporter un peu de soulagement aux plus déshérités des hommes. Chaque matin à l'aube, dès la fin de la messe, ces petites sœurs quittent leur couvent et s'en vont, deux par deux, à travers l'immense cité pour gagner les mouroirs, les orphelinats, les dispensaires, les léproseries, les

Chaque année , de nouvelles Missionnaires de la Charité prononcent leurs vœux de pauvreté, d'obéissance et de chasteté mais aussi de dévouement total aux plus pauvres. Sœur Agnès *(en bas à gauche)* est la première qui ait re-

centres de planning familial de Mère Teresa. J'affirme qu'il se produit alors, au cœur de cette ville inhumaine, quelque chose d'exceptionnel. Comme si l'apparition de ces frêles silhouettes répandait tout à coup une onde de générosité et d'amour, une vibration porteuse d'espoir qui annonceraient aux millions de pauvres et de souffrants de Calcutta : « Nous sommes là. Nous vous aimons. N'ayez plus peur. » L'une des actions les plus originales accomplies par Mère Teresa et ses sœurs missionnaires de la Charité concerne la limitation des naissances. On a souvent critiqué Mère Teresa pour son hostilité irréductible à l'avortement. Mais l'on sait peu que la sainte de Calcutta a mis en place de nombreux centres de planning familial qui enseignent aux femmes indiennes les méthodes naturelles de contraception. Seule condition pour assister aux cours : que les maris des « élèves » soient d'accord.

joint Mère Teresa, et le père Céleste Van Exem, un jésuite belge, fut son confesseur et premier confident. Sœur Paulette *(en haut à droite)* enseigne le planning familial et sœur Laetitia recueille des orphelins *(en bas à droite)*.

Les anges de miséricorde au sari blanc à liséré bleu sont toujours là où des hommes ont faim et souffrent. Ici, les Missionnaires de la Charité de Mère Teresa distribuent du lait aux mamans pour leurs nourrissons victimes de malnutrition, et du riz, de la farine et des médicaments aux lépreux de la Cité de la Joie et des autres bidonvilles.

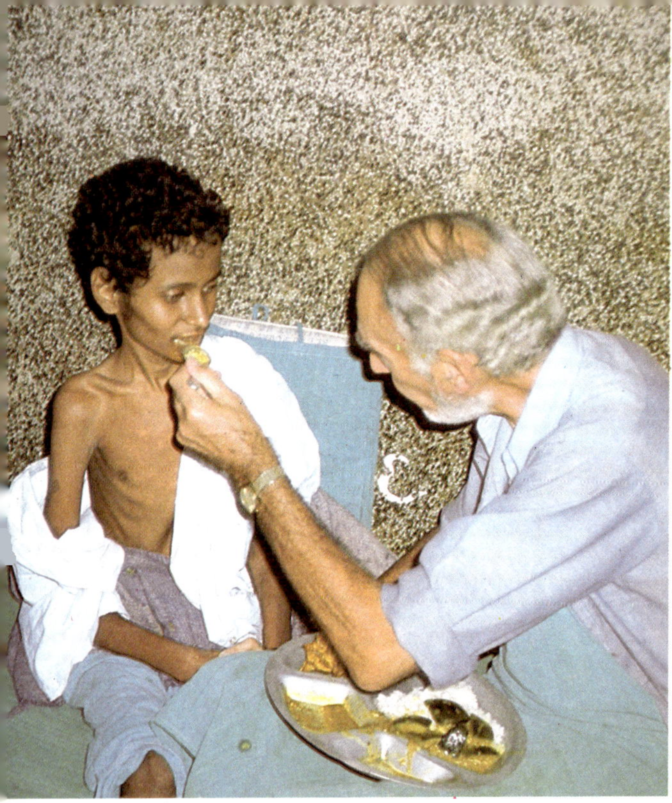

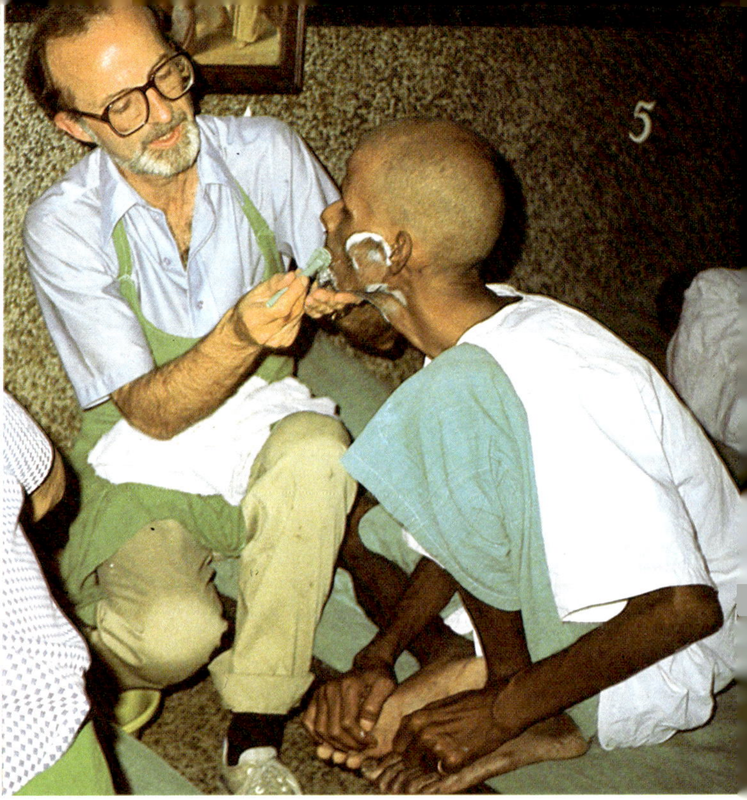

Aujourd'hui âgée de 76 ans, la sainte de Calcutta continue avec acharnement sa croisade d'amour et de compassion au service des plus pauvres. Outre l'ordre qu'elle a fondé - les Missionnaires de la Charité - qui compte maintenant plus de 2 500 sœurs travaillant dans une cinquantaine de pays, son exemple suscite d'extraordinaires gestes de solidarité. Comme ceux de ces hommes venus des États-Unis, d'Irlande et d'Angleterre consacrer leurs vacances à nourrir et soigner les moribonds, et à entourer d'amour et de paix les hommes abandonnés de la grande cité pour qu'ils puissent vivre dans la sérénité l'instant du départ vers l'éternité.

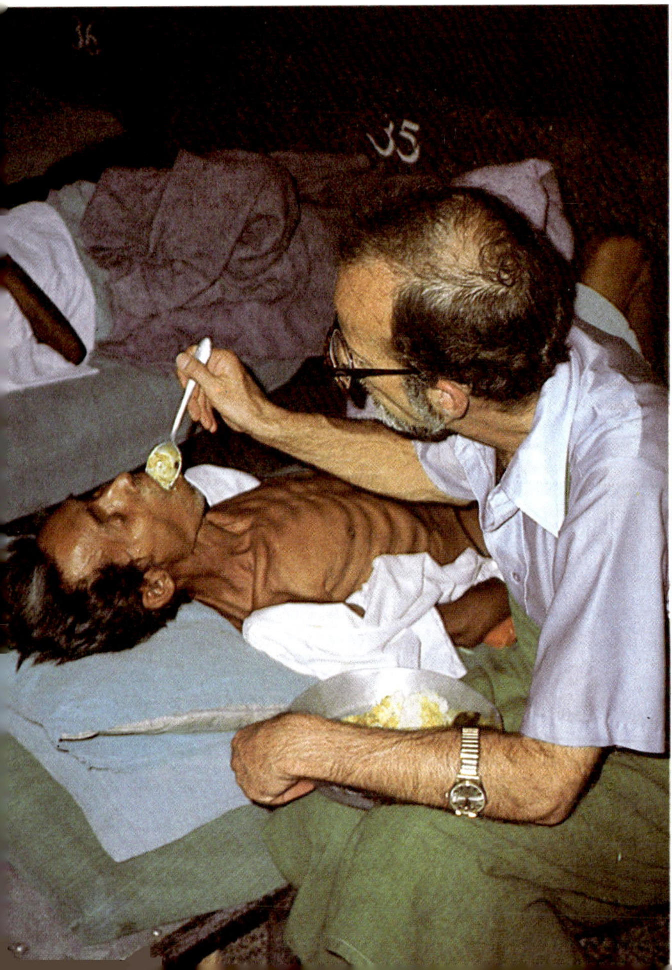

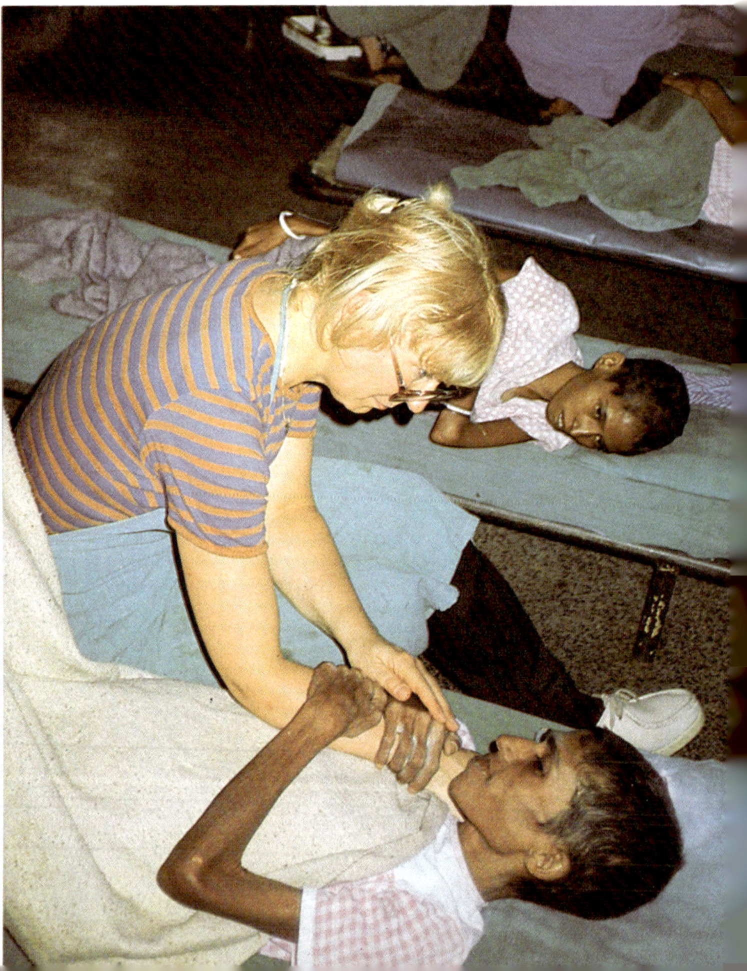

CET APÔTRE SAUVE

L'Anglais James Stevens, un ancien marchand de chemises de Londres, a vendu ses biens, épousé une Indienne, et décidé de venir s'installer à Calcutta pour arracher des enfants de lépreux à la déchéance de la Cité de la Joie et d'autres bidonvilles. En 15 ans d'action, il a déjà sauvé plusieurs milliers d'enfants.

DES ENFANTS

Son foyer « Résurrection », qui compte aujourd'hui 250 rescapés, est un véritable îlot d'espoir et de lumière au milieu de la misère la plus atroce.

Le 21 juillet 1969, le jour même où trois hommes se posent sur la lune, un ancien marchand de chemises de Londres nommé James Stevens met le cap, au volant d'une vieille camionnette prêtée par Mère Teresa, vers la colonie des lépreux de la Cité de la Joie. L'objectif de cet Anglais jovial est d'arracher quelques épaves de gosses à leur absolue déchéance et de les installer dans la grande maison avec jardin qu'il a louée dans la banlieue de Calcutta. Écartés à cause de leur atroce maladie, vivant avec leurs familles au fond d'infâmes courées où ils disputent leur nourriture aux rats des poubelles, ils sont vraiment les damnés de la terre.

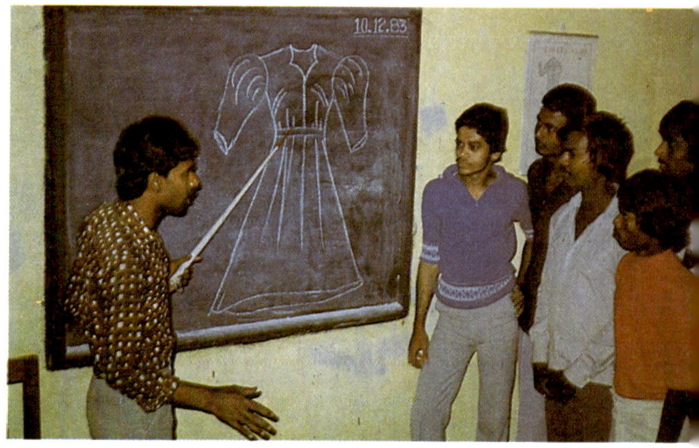

Apprendre un métier à ces anciens lépreux, c'est permettre plus tard à leurs parents d'échapper à la déchéance de leur maladie.

« Je n'oublierai jamais ce premier jour, me racontera Stevens. Les parents, méfiants, me regardaient comme si je voulais kidnapper leurs enfants pour en faire des esclaves dans quelque terre étrangère. De la part de tels déshérités, c'était pathétique. »

Au fond d'une sorte de terrier où s'entassent plusieurs familles de lépreux affreusement mutilés, James aperçoit un garçon d'une dizaine d'années. Il vit avec sa mère, une pauvre femme sans doigts, le visage dévoré par la maladie. L'enfant porte déjà de nombreuses taches de lèpre sur le corps. James fait comprendre à la malheureuse femme qu'il voudrait emmener son fils. Elle hausse les épaules : « Il ne restera jamais chez vous ! C'est un animal sauvage. » Le gamin passe en effet ses journées à mendier autour de la grande gare et parfois disparaît pendant des mois. Mais, surprise, il accepte de monter dans la camionnette de l'Anglais. Il sera le premier pensionnaire du foyer « Résurrection ». Il s'appelle Budhram.

Le premier soir, James ne ramène que onze enfants – neuf garçons et deux fillettes âgés de quatre à dix ans. Outre Budhram, six d'entre eux présentent déjà des taches claires sur la peau. Il fait asseoir son petit groupe en rond sur le sol de la salle de séjour et distribue le premier repas. Il sent des regards apeurés l'observer. Apprivoiser ces naufragés de l'enfer sera long et difficile.

Cette première nuit, il la passe couché sur une natte au milieu de ses jeunes protégés dont le sommeil est secoué de hurlements. Des hurlements entrecoupés de lambeaux de phrases qui permettent d'imaginer les visions terrifiantes défilant dans les cauchemars de ces petits Indiens. Il y est beaucoup question de tigres, de mauvais génies et de *bhut*, les fantômes.

Les jours suivants, James parcourt d'autres bidonvilles et bientôt une trentaine d'enfants sont hébergés. Tous souffrent de malnutrition, ce qui entraîne chez la plupart une kyrielle de maladies graves : tuberculose, rachitisme, malaria, amibiase. Tous ont le corps infesté de vers. L'un d'entre eux, Chand, un gamin de onze ans ramassé sur les docks, souffre de tuberculose ganglionnaire et se traîne sur une planche à roulettes car il ne peut plus marcher.

Un Anglais, marchand de chemises, arrache des enfants à leur absolue déchéance

James recrute un médecin bénévole. Quelques mois d'une alimentation progressive survitaminée et de soins médicaux énergiques produisent une amélioration spectaculaire. Les enfants sont vaccinés. La lèpre est enrayée chez la plupart d'entre eux. La tuberculose est stoppée. Même Chand peut remarcher, d'abord avec des béquilles, puis sans aucune aide. James impose des règles d'hygiène très strictes pour arrêter les ravages des amibes et des vers. Autant de réussites et, bientôt, un signe révélateur : les pensionnaires du foyer « Résurrection » ont recommencé à rire.

James Stevens m'a raconté le premier Noël au foyer : « Tous les enfants, les chrétiens, mais aussi les hindous et les musulmans décorèrent ensemble la maison et confectionnèrent une superbe crèche. Un arbre d'ashoka servit de sapin. Je me suis déguisé en père Noël et j'ai remis un cadeau à chacun. Le déjeuner fut un véritable festin. Pour la première fois, les enfants dégustaient un plat que leurs familles, trop misérables, n'avaient jamais pu leur offrir : un curry de poulet. »

Le moment est venu de franchir une nouvelle étape. James ouvre une école avec deux sections, l'une pour les enfants de langue bengali, l'autre pour ceux qui parlent le hindi. Mais tous se retrouvent après la classe aux cours de chant, de yoga, d'artisanat, aux petits travaux d'entretien de la maison et de jardinage. Pour les plus grands, James crée un centre d'apprentissage technique, initiative qui sera couronnée de succès. A douze ans, Mehboub Ali, le fils d'un tireur de pousse-pousse, lépreux lui-même, deviendra un champion de la machine à coudre. Il est presque guéri et peut espérer devenir un excellent tailleur. A dix-neuf ans, l'orphelin Ram Singh entre dans une école de mécaniciens où il est l'un des élèves les mieux notés.

En 1982, grâce à l'aide apportée par l'association de soutien que j'ai fondée *(voir page 9)*, par la générosité de nos amis de l'Association française des Fondations Raoul Follereau, des Œuvres hospitalières françaises de l'Ordre de Malte et de l'organisation suisse « Frères de nos frères », l'apôtre des petits lépreux peut acheter un terrain de deux hectares, à cinq kilomètres du foyer, où il construit une nouvelle école, un dispensaire, et jette les bases d'une petite exploitation agricole qui permettra plus tard au foyer de satisfaire ses besoins en légumes, viande et œufs ; où, surtout, il installe quatre ateliers d'apprentissage (électricité, plomberie, mécanique automobile, tailleur), qui donneront un jour à ses protégés un métier. Le déménagement a lieu le 16 août, date que James Stevens n'oubliera jamais. « En arrivant dans leur nouveau foyer, racontera-t-il, les enfants se mirent à courir comme des fous dans tous les sens. Ils n'avaient jamais vu autant d'espace dans leur existence, autant d'arbres, autant de verdure, autant d'oiseaux. » Ce jour-là, grâce à cet homme de bonne volonté et au grand cœur, un Anglais inconnu, c'est l'humanité tout entière qui remportait une victoire sur le malheur.

C'est dans le minibus offert par les donateurs de l'association française « Action pour les enfants des lépreux de Calcutta » que Stevens conduit ses protégés au foyer où ils subissent d'abord un examen médical approfondi.

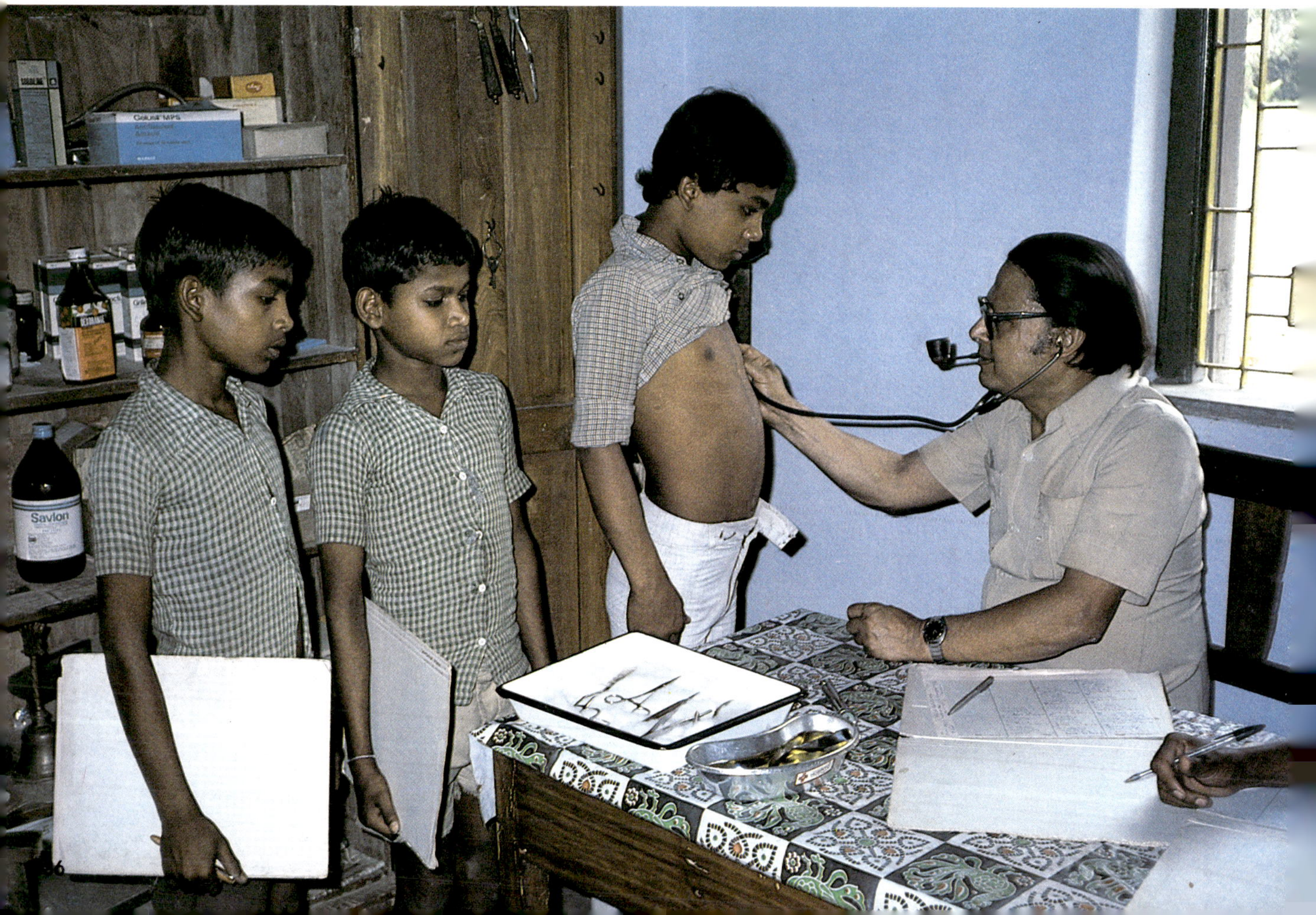

Des enfants qui n'avaient d'autre avenir que d'être mendiants

C'est en patrouillant au volant d'une vieille camionnette dans les ruelles sordides des colonies de lépreux de la Cité de la Joie et des autres bidonvilles que James Stevens a recueilli les premiers pensionnaires de son foyer et commencé, en 1969, son action de sauvetage. Les premiers jours, les parents refusèrent de confier leurs enfants à cet étranger à peau blanche, de peur qu'il ne les emporte dans son pays. Mais, petit à petit, la confiance s'établit et Stevens put arracher quelques enfants à leur déchéance absolue. Les enfants des lépreux ne naissent pas obligatoirement avec la maladie mais ils sont toujours condamnés à la contracter un jour ou l'autre du fait de l'entassement des familles dans leurs minuscules taudis. Promis à une ségrégation totale, les petits lépreux n'ont d'autre avenir que de devenir mendiants. Mais Stevens devait constater que la lèpre est presque une maladie « secondaire » chez les enfants qu'il recueille. Tous souffrent de maux beaucoup plus graves dus à la malnutrition : tuberculose, rachitisme, malaria, amibiase. Tous ont le ventre infesté de vers. Certains sont frappés de tuberculose ganglionnaire ou osseuse et doivent se traîner sur des planches à roulettes parce qu'ils ne peuvent plus marcher. Quelques mois d'une alimentation progressive survitaminée et des soins médicaux énergiques produisent une amélioration spectaculaire. James Stevens sait que ce traitement de choc a réussi quand ses petits protégés se remettent enfin à rire.

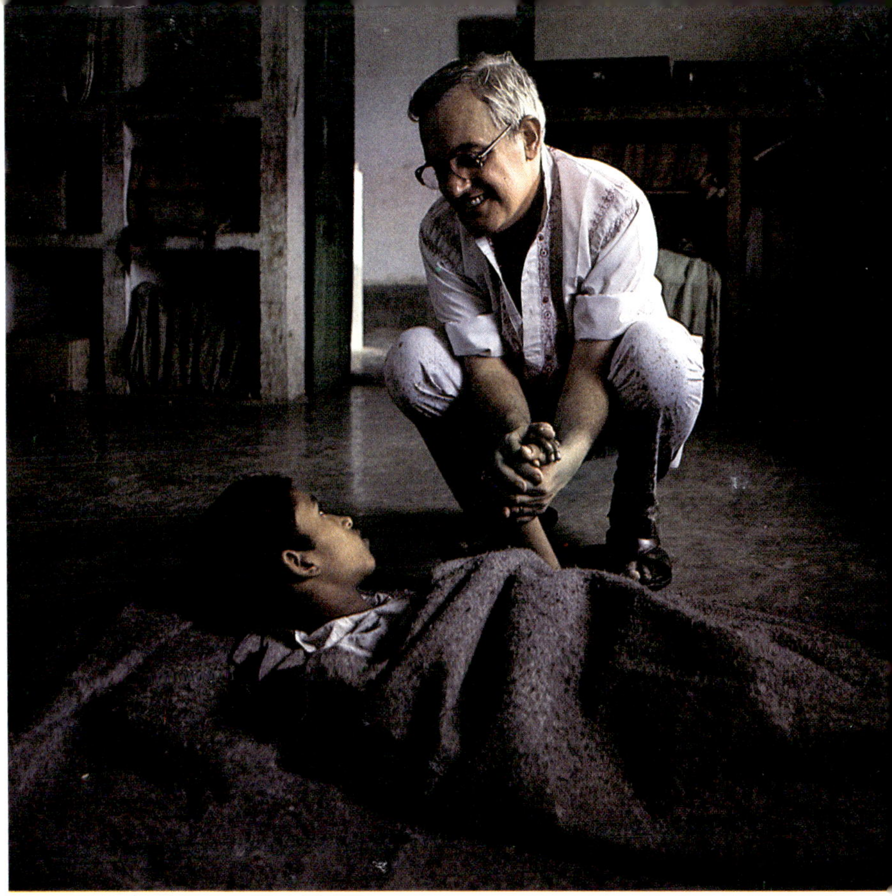

James Stevens se veut un véritable père pour chacun de ses pensionnaires. Il reste auprès des malades et surveille attentivement les repas.

Une fois remis sur pied et guéris, les petits lépreux recueillis par Stevens apprennent à lire et à écrire avec des institutrices dans leur langue d'origine : le bengali et le hindi pour les hindous, l'ourdou pour les musulmans.

Tandis que les plus jeunes récoltent le riz, leurs aînés suivent un apprentissage technique. Ils trouveront un emploi à leur sortie du foyer. Un emploi dans une famille, cela veut dire 20 personnes sauvées.

Des héros enfin libérés de la peur et de la misère

Images symboliques, bouffée d'espoir pour des lendemains meilleurs, ces dernières photos résument les prodigieux résultats remportés par tous ceux — Indiens, étrangers, laïcs, religieux, fonctionnaires du gouvernement — qui ont consacré leur vie à lutter dans les bidonvilles de Calcutta contre toutes les formes de la misère. Ces images ne sauraient, certes, faire oublier l'immensité du malheur qu'il reste à soulager.
Mais ces visages d'une mère martyrisée par la lèpre et d'un fils éclatant de vie *(page de droite)* disent que ce malheur n'est pas inéluctable, que l'héroïsme des pauvres et l'acharnement de ceux qui se battent à leurs côtés en viendront un jour à bout.

L'hommage au drapeau indien, la fête, la prière aux dieux. Dans deux ans, le jeune Budi Ram *(page de droite)* sera mécanicien. Grâce à son salaire, il pourra aller s'installer avec sa mère lépreuse et tous les siens à la campagne.

UN ÉLAN

Cette photo de famille est la plus belle récompense pour nos efforts : nos enfants, les anciens petits lépreux recueillis au foyer « Résurrection » – ici autour de leur bienfaiteur James Stevens – ont enfin retrouvé la

D'AMOUR ET DE PARTAGE

santé et appris la joie de vivre. Bientôt, après leurs années de scolarité et un ou deux ans d'apprentissage leur assurant un métier, ils pourront à leur tour prendre en charge leurs familles en détresse.

L'espoir vient cette fois du bidonville

Avant de m'arracher à Calcutta pour retrouver mon paradis du Midi où j'allais écrire *la Cité de la Joie*, je fus témoin d'un dernier événement exceptionnel. Un événement qui, s'il se multipliait, prouverait que l'exode des millions de pauvres paysans vers toutes les Cités de la Joie de cette ville mirage n'est peut-être pas une fatalité inexorable. Que cet exode pourrait un jour se tarir. Que son cours pourrait même s'inverser.

Deux habitants du bidonville, Ashish et Shanta Ghosh, annoncèrent en effet qu'ils allaient rentrer dans leur village. Ashish et Shanta, c'est ce couple hindou, beau, sain, lumineux qui habite dans la courée voisine de celle de Lambert. Sous son voile de coton rouge décoré de motifs floraux, la jeune femme ressemble, avec sa peau très mate et très claire, à une madone de la Renaissance. Elle est la fille aînée d'un paysan sans terre d'un gros bourg isolé du delta du Gange. Pour faire vivre ses huit enfants, son père allait avec des pêcheurs de son village ramasser du miel sauvage dans la jungle inondée des Sundarbans. Un jour, il n'est pas revenu. Il avait été emporté par l'un des tigres mangeurs d'hommes qui dévorent là-bas chaque année plus de trois cents cueilleurs de miel. C'est sur le sol en terre battue de la petite école primaire que Shanta avait connu le gaillard barbu aux cheveux bouclés qui devint son mari. Ashish - l'Espoir -, vingt-six ans, était l'un des onze enfants d'un ouvrier agricole journalier.

Le cas de ce couple est presque unique : ils se sont mariés par amour. Ce défi à toutes les traditions avait provoqué un tel scandale qu'ils avaient dû fuir leur village et chercher refuge à Calcutta. Après avoir crevé de faim pendant un an, Ashish avait trouvé un emploi de moniteur dans un centre d'enfants handicapés de Mère Teresa. Shanta, elle, était devenue institutrice dans une école de banlieue.

Après la naissance de leur premier enfant, ils avaient trouvé l'eldorado : une chambre dans une courée hindoue de la Cité de la Joie. Deux salaires réguliers de deux cents roupies (deux fois 160 francs) peuvent paraître une misère. Dans la Cité de la Joie, c'était la fortune.

Pendant trois ans, les jeunes époux avaient économisé sou à sou pour acheter un hectare de bonne terre proche de leur village. Ils avaient fait creuser un bassin pour élever des poissons et aménager un petit réseau de canaux d'irrigation afin d'obtenir une deuxième récolte de saison sèche. Mais surtout, ils voulaient que leur retour apportât quelque chose aux habitants du village. Ashish avait fait des plans pour créer une coopérative pour les paysans. « Si elle était bien irriguée, la terre du Bengale pourrait donner au moins trois récoltes », avait-il un jour déclaré à Lambert. Quant à Shanta, elle projetait d'ouvrir un atelier d'artisanat pour les femmes.

L'annonce du départ des Ghosh provoqua la fièvre dans les courées. Pour presque tous les habitants, le grand rêve commun de retourner au village paraissait au bout de plusieurs années de bidonville une utopie toujours aussi irréalisable. Et qu'un jeune couple renonçât volontairement au luxe inouï de deux salaires réguliers pour aller planter du riz dépassait l'entendement. Curieusement, ce fut là-bas, dans le village des Ghosh, que les réactions à ce projet furent les plus négatives. « Quand la déesse Lakshmi a mis de l'huile dans votre lampe, c'est un crime d'éteindre la flamme pour s'en aller ailleurs », décrétèrent, furieux, les parents du garçon. Ils menacèrent même de lui interdire par la force de revenir au village.

Mais un matin, à l'aube, les Ghosh empilèrent leurs affaires dans un rickshaw et s'en allèrent avec leurs trois enfants. Paul Lambert les accompagna jusqu'à la gare.
A l'instant de faire monter les siens dans le wagon, Ashish se tourna vers le religieux. « Grand Frère Paul, dit-il, la voix étranglée par l'émotion, tu sais que nous sommes hindous, mais cela nous ferait vraiment plaisir que tu nous donnes avant de partir la bénédiction de ton Jésus. »
Ému, Paul Lambert éleva la main et dit : « Soyez bénis dans la paix du Christ car vous êtes la lumière du monde. »

Une promesse de vie meilleure pour les martyrs de la sécheresse

Malgré un terrible cyclone qui a dévasté leur région en 1985, les Ghosh ont réussi à réaliser dans leur village ce dont ils avaient rêvé dans leur sordide exil de Calcutta. Leur action au service des autres paysans a vraiment modifié les conditions locales d'existence. Grâce à une multitude de petits travaux d'irrigation, la majorité de la terre donne à présent deux à trois récoltes par an. Pour une fois, c'est d'un bidonville que sera venu le salut.
L'exemple de ce retour n'est plus aujourd'hui un cas absolument unique. Surtout, un fait nouveau apporte depuis quelque temps une véritable bouffée d'espoir : on constate un net ralentissement de l'exode des paysans pauvres vers Calcutta. Ce phénomène s'explique par une amélioration sensible des rendements de la terre au Bengale. Grâce au développement intensif de l'irrigation, à un usage accru des engrais et à une meilleure éducation des paysans, on obtient dans la moitié de la province au moins deux récoltes de riz, ce qui permet à des centaines de milliers de paysans sans terre de trouver sur place du travail pendant presque toute l'année. Et à tous de ne pas devoir partir, en cas de sécheresse ou autre calamité climatique.

Après avoir lu *la Cité de la Joie,* le pape Jean-Paul II nous a invités, ma femme et moi, à venir au Vatican discuter le message de ce livre sur les pauvres qu'il qualifie de « leçon d'espoir et de foi pour le monde ».

Des efforts gigantesques pour améliorer la vie

Le dévouement d'apôtres comme Paul Lambert et des quelque deux cent cinquante Indiens – infirmiers, éducateurs, travailleurs sociaux, médecins – appartenant au *Seva Sangh Samiti,* le comité d'entraide du bidonville, parvient à apporter chaque jour un petit rayon de lumière à ce qu'on a scrupule à oser appeler ici « la qualité de la vie ». Les dispensaires, les foyers pour enfants rachitiques, les maternités, les soupes populaires pour vieillards et indigents, les distributions de lait aux nourrissons, les centres d'apprentissage pour adolescents, l'atelier d'artisanat pour adultes, les campagnes de vaccinations et de dépistage de la tuberculose, toutes ces actions financées par des dons venus de France ont profondément modifié les conditions d'existence dans la Cité de la Joie au cours de ces dernières années.

De leur côté, le gouvernement du Bengale et la municipalité de Calcutta n'ont pas ménagé leurs efforts. Des ruelles de la Cité de la Joie ont été pavées, d'autres rehaussées, de nouvelles latrines creusées, des puits tubés forés, des lignes électriques tirées, des égouts souterrains posés. Mais, hélas, beaucoup de ces bienfaits ont eu des effets négatifs. Les ruelles rehaussées ont provoqué l'inondation de nouveaux quartiers pendant la mousson, les drains souterrains immédiatement bloqués par le fumier des étables ont déversé des flots de purin un peu partout, même en plein hiver, ce qui ne se produisait jamais avant. Les nouvelles fosses septiques, jamais vidangées, ont multiplié les risques de pollution, les pompes des puits faites de matériel bon marché

J'ai été invité à parler de l'épopée des habitants de *la Cité de la Joie* devant des auditoires très divers.

ont rapidement rendu l'âme et n'ont pas été remplacées. Surtout, le fait que les rickshaws et les taxis puissent désormais accéder à l'intérieur du bidonville incita des employés, des fonctionnaires, des petits commerçants à chercher un logement dans la Cité de la Joie. A dix minutes à pied de la grande gare de Howrah, et si proche du centre de Calcutta, le bidonville offrait en effet un habitat bien plus commode que les cités nouvelles construites à vingt ou vingt-cinq kilomètres de la ville. Du coup, les loyers montèrent en flèche. Signe caractéristique de ce changement économique, le nombre des joailliers-usuriers décupla en moins de deux ans. Une spéculation effrénée s'empara même d'entrepreneurs peu scrupuleux. Des immeubles de trois ou quatre étages commencèrent à surgir un peu partout et beaucoup de pauvres gens durent s'en aller vers d'autres bidonvilles encore plus misérables, situés à la périphérie de la ville.

40 000 lettres bouleversantes

• J'ai lu, les larmes aux yeux, *la Cité de la Joie*. Ce livre est un merveilleux réconfort au milieu des égoïsmes, des cruautés, des laideurs de notre époque.
Mme Pla, 80 ans, veuve, Carcassonne

• Ce livre a été un détonateur qui m'a révélé en pleine lumière la victoire de l'amour sur le mal et la souffrance. **Corinne Simonetta, avocate, Paris**

• Ce merveilleux livre a changé ma vie. J'ai décidé d'abandonner la cigarette et de consacrer l'argent économisé à de meilleures causes.
Rina Anoussi, agent de voyage, New York, États-Unis

• Je n'ai jamais rien lu, vu ou entendu de plus beau sur Calcutta et ses habitants. Vous m'avez fait pleurer. Que le Seigneur bénisse ce livre magnifique.
Père Céleste Van Exem,
missionnaire jésuite depuis 41 ans à Calcutta, Inde

• Je suis jeune et infirme, condamné à vivre dans un fauteuil roulant. Je tiens à remercier Dominique Lapierre pour ce livre de courage et d'espoir qui a changé ma vie. **Bernard Kieken, Grenoble**

• Comment pourrais-je être la même après avoir lu ces pages pleines de générosité et de sérénité ?
Bernadette Moro, guide touristique, Madrid, Espagne

• *La Cité de la Joie* m'a enthousiasmé. De tels témoignages de courage, d'amour et de fraternité me rendent l'espoir en un monde meilleur.
Domenico Porzio, écrivain, Rome, Italie

• J'ai lu avec passion ce témoignage de spiritualité et d'amour. Ce livre marquera d'une date notre époque.
Carlos Ortega, banquier, Buenos-Aires, Argentine

Une fête pour les héros du bidonville

Le 13 mars 1985, mon vieil ami Robert Laffont, l'éditeur de tous mes livres, et moi-même invitions 1 200 libraires de la région parisienne à fêter la publication de *la Cité de la Joie* par un dîner indien à l'hôtel Concorde-Lafayette. Le célèbre éditeur italien Leonardo Mondadori, ainsi que des envoyés des éditeurs américain, allemand, espagnol et hollandais avaient spécialement fait le voyage pour être avec nous ce soir-là. Comme Robert Laffont, ils avaient tous cru en la valeur exemplaire de *la Cité de la Joie* comme témoignage d'amour sur les pauvres. D'entrée, j'annonçai à tous nos amis que Robert Laffont avait décidé d'offrir l'équivalent de la moitié du prix de notre soirée, et moi l'autre moitié, aux habitants de la Cité de la Joie afin qu'ils puissent célébrer eux aussi la publication de l'épopée qui racontait leur vie et leur combat. En Inde, même au fond du bidonville le plus pauvre, tous les événements heureux se fêtent, et celui-là en était un. Ce don permettait l'achat de trente-cinq tonnes de riz, soit cinq cents grammes par habitant.

Et j'ajoutai ce soir-là que ma femme et moi avions décidé de consacrer la moitié de mes droits d'auteur à des opérations qui soulageraient la misère des déshérités de Calcutta et s'attaqueraient à ses racines mêmes.

Jour après jour, des lettres bouleversantes pleines de solidarité me parviennent du monde entier. 1 200 amis libraires ont fêté avec nous la publication du livre sur la vie héroïque des habitants de la Cité de la Joie.

L'étreinte du Saint-Père pour l'apôtre de la Cité de la Joie

La Cité de la Joie fut et reste le succès que l'on sait. Plus de trois millions d'exemplaires en douze langues, une superproduction cinématographique en projet, une presse enthousiaste, plusieurs prix littéraires internationaux, dont le prestigieux Christopher Award américain couronnant des oeuvres exaltant les vertus humaines et spirituelles. Mais surtout, c'est l'arrivée de plus de quarante mille lettres de lecteurs de tous les pays qui fut pour moi le plus émouvant des couronnements. Des lettres bouleversantes et bouleversées de gens de toutes origines sociales, de toutes croyances, de tous âges, messages d'amour et de reconnaissance envers tous ces pauvres anonymes dont l'héroïsme nous apporte une telle leçon de courage et d'espérance.

J'ai fait au Saint-Père la joie de lui faire rencontrer Paul Lambert. Aux U.S.A., *la Cité de la Joie* a été couronnée par le prix Christopher.

Presque chaque lettre était accompagnée d'un témoignage de solidarité — un chèque, un billet, un bijou, des titres boursiers, une offre de médicaments, de service, d'adoption. L'une des premières enveloppes reçues portait le sceau du Vatican. Le Saint Père qui venait de lire *la Cité de la Joie* souhaitait en discuter le message avec mon épouse et moi. Il nous proposait de venir à Rome le rencontrer. Par une merveilleuse coïncidence, cette invitation nous arrivait alors que la chance nous était donnée d'héberger Paul Lambert à Paris. Nous avions en effet organisé pour cet homme à la santé quasiment détruite par ses douze années de travail dans le bidonville un bilan médical complet et toute une série de traitements antiallergiques, dentaires, auditifs, oculaires, etc. Quelle occasion magnifique de pouvoir présenter au Saint-Père l'un des héros du récit qu'il avait aimé, une authentique figure de l'Évangile, une incarnation de Jésus-Christ crucifié vivant au milieu des flagellés et des hommes sans voix du monde d'aujourd'hui. Quand, à l'entrée de sa bibliothèque, je révélai à Jean-Paul II l'identité et les qualités de ce visiteur inattendu, le pape ouvrit ses bras et serra interminablement sur son coeur le frêle petit homme en chemise indienne, prodigieuse étreinte de deux serviteurs de l'humanité souffrante aux deux extrêmes d'une hiérarchie que soudain plus rien ne séparait.

La rencontre dura près d'une heure, une rencontre entièrement consacrée à une poignante interrogation du chef de l'Église sur la pauvreté vécue et les moyens d'y porter secours. Cette pauvreté que Jean-Paul II devait, quelques mois plus tard, découvrir de ses propres yeux lors de sa visite à Calcutta, guidé par Mère Teresa, par l'apôtre de la Cité de la Joie, et par tous ceux qui, là-bas, consacrent leur vie à la combattre.
Chacune des milliers de lettres reçues par la suite devait le confirmer : le récit de l'épopée de ce bidonville pour sa survie touchait chaque lecteur en profondeur. L'une de ces missives qui me furent adressées résumait le consensus général : « La lecture de ce livre vous rend meilleur. Elle a ouvert mes yeux. Elle va changer ma vie. Merci. »

De nouvelles actions au service des plus déshérités

Pour ma femme et moi, le fabuleux succès du livre allait d'abord permettre, grâce aux droits d'auteur et aux dons de tous les nouveaux amis de la Cité de la Joie, de multiplier les actions de secours. Nous pûmes ainsi adopter deux foyers d'enfants handicapés fondés par un autre religieux français. Les enfants accueillis là, tous de familles très pauvres ou orphelins, souffrent de séquelles de tuberculose osseuse, de poliomyélite, de méningite cérébrospinale. La plupart se traînent à ras de terre sur de pitoyables planches à roulettes. Ce sont pourtant des gosses merveilleux, d'une intelligence et d'une sensibilité très vives, qui veulent désespérément vivre et se rendre utiles. Nous avons emmené à Calcutta l'un des plus grands professeurs français de neurochirurgie et des maladies cérébrospinales, le professeur Claude Gros, de Montpellier. En dehors des fonds destinés à leur subsistance, je souhaitais en effet déterminer quel type d'aide médicale prioritaire nous pouvions apporter à ces jeunes êtres particulièrement démunis.

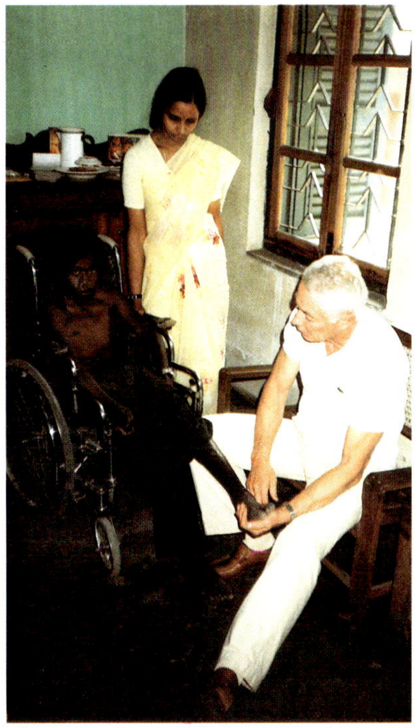

Nous avons emmené le professeur de neuro-chirurgie, Claude Gros, à Calcutta. Il a pu y étudier le cas des handicapés de nos trois foyers.

Cette mission fut extrêmement utile. Les examens sur place du professeur Gros nous permirent de sélectionner un jeune paraplégique, de l'amener en France et de tenter sur lui une opération susceptible de lui redonner l'usage de ses mains. L'intervention réalisée par le professeur Yves Allieu fut un succès. Au cours de son hospitalisation, le jeune Indien put apprendre à taper à la machine et à se servir d'un petit ordinateur. Aujourd'hui rentré à Calcutta, ce garçon transformé par son séjour en France communique éducation et espoir à ses camarades en partageant avec eux toutes ses nouvelles connaissances.

Mais c'était surtout à un niveau bien inférieur que l'aide était la plus nécessaire. Nous avons donc envoyé aux petits paralysés des foyers une merveilleuse jeune femme qui allait littéralement changer leur vie. Françoise Tardres est l'une des meilleures kinésithérapeutes françaises. Ne craignant pas de se rendre dans

« La Cité de la Joie » et la presse

- N'hésitons pas à crier au chef-d'œuvre. **Le Monde**
- Plus qu'un livre, une histoire d'amour. **Marie-France**
- Une œuvre grandiose. **RTL**
- *La Cité de la Joie* recèle des trésors d'amour et de tendresse, des modèles d'humanité. **Femmes d'aujourd'hui**
- Ce livre sera gravé dans mon cœur pour toujours. **New York Times**
- Ce livre rendra un peu plus riches tous ceux qui le liront. **Washington Post**
- Un livre qui emporte le lecteur irrésistiblement. **L'Express**
- Un livre révélation dont le souffle nous emporte. **France-Soir Magazine**

la zone d'insécurité du nord du Bengale où se trouvent les foyers, elle allait, pendant des mois, apprendre aux quatorze membres de l'équipe indienne locale de soins comment faire le diagnostic physique de chaque enfant et conduire sa rééducation spécifique. Elle mit au point les exercices nécessaires à chaque cas, enseigna les mouvements appropriés à tous les types de lésions, dessina et fit réaliser, au prix d'efforts incroyables, un certain nombre d'appareillages (corsets, béquilles, chaussures orthopédiques, machines à marcher, plâtres de posture, appareils d'extension). Elle inaugura le principe d'un suivi médical, avec l'élaboration d'un livret médical pour chaque enfant, constitua une pharmacie de base, montra son utilisation, traita la gale dont tous les enfants étaient infectés. Par des conseils d'hygiène rigoureuse (séparation du sale et du propre, toilette, diététique, nettoyage des sanitaires), par la confection de petites tablettes-écritoires et de chaises percées, par l'achat d'un gobelet pour chacun des enfants, elle s'efforça d'inculquer la manière d'améliorer la vie quotidienne. Par sa présence, sa compétence, sa capacité d'amour, elle entraîna l'équipe à réviser ses notions de soins, elle bouscula des habitudes, secoua la torpeur et la routine de gens totalement dévoués mais souvent dépassés par l'ampleur et le nombre des tâches urgentes à accomplir.

Deux jeunes infirmiers suisses d'une compétence et d'un dévouement également exceptionnels, Fred Mouquin et Jean-Christophe Nicole, prirent ensuite le relais. Ils créèrent des ateliers de production et une ferme qui fournit à présent la nourriture et un emploi adapté à chaque enfant.

La création d'un atelier d'artisanat dans un nouveau centre de réhabilitation de lépreux d'une zone perdue de l'Orissa, le parrainage de plusieurs enfants de bidonvilles de Bombay, le sauvetage par notre foyer Résurrection de Calcutta de pensionnaires supplémentaires arrachés à la déchéance des colonies de lépreux, complétèrent cette action en faveur de nos frères indiens déshérités ou en détresse. Et à mesure que le succès continu de *la Cité de la Joie* et celui de cet album augmenteront nos ressources, nous franchirons de nouvelles étapes. Ce ne sont pas les idées de secours et de développement qui nous font défaut ! Dès 1986 nous comptons participer au financement d'un projet qui irriguera la terre des cent mille paysans de dix-neuf villages proches de Calcutta. Ces travaux donneront du travail à trois mille personnes pendant trois ans et feront des cent mille bénéficiaires des *do-bela*, c'est-à-dire des gens ayant de quoi manger deux fois par jour.

Nous projetons aussi une vaste action médicale visant à supprimer en cinq ans la tuberculose de toute une région très pauvre du delta du Gange dont les deux cent mille habitants ne disposent actuellement d'aucune infrastructure sanitaire, pas même du secours d'un seul médecin ni d'un seul dispensaire, serait-ce le plus rudimentaire. Toutes ces actions s'attaqueront directement aux racines de la pauvreté, cette malédiction qui contraint périodiquement des centaines de milliers d'hommes, de femmes et d'enfants à chercher refuge dans les bidonvilles de Calcutta.

Ceux qui veulent aider les déshérités de Calcutta et de sa région peuvent adresser leurs dons à :

« Action pour les enfants des lépreux de Calcutta » :
CCP 1590.65 C Paris.
26, avenue Kléber, 75116 Paris.

« Les Amis de Seva Sangh Samiti » :
CCP ASSS 30 545-80 L La Source.
26, rue de la Tombe-Issoire, 75014 Paris.

« Les Amis du diocèse de Calcutta » :
CCP 20 143-46 M Paris.
18, rue Vineuse, 75116 Paris.

« Les Amis de Mère Teresa » :
CCP 548-23 N Lyon.
163, av. Charles De Gaulle, 69160 Tassin-la-Demi-Lune.

« A présent, nous ne sommes plus seuls »

De tous les bouleversants témoignages qui saluèrent *la Cité de la Joie*, le plus inoubliable pour moi restera celui de ma petite camarade Padmini, la fillette du bidonville qui s'en va, chaque aube, glaner la survie de sa famille en ramassant sur les voies ferrées des débris de charbon incandescents tombés des locomotives. Comme de nombreux habitants de son quartier de malheur, Padmini vient chaque soir prendre place dans le cercle formé autour d'un conteur itinérant.

Depuis plusieurs semaines, celui-ci n'apporte plus à ses auditeurs leurs traditionnelles vitamines d'espérance en leur racontant les exploits des héros du *Ramayana*, la grande légende épique de l'Inde. A la place, il leur raconte, tour à tour en bengali et en hindi, les aventures d'autres personnages de légende qu'il a découverts dans un livre en anglais récemment arrivé d'Occident. Un livre qui se veut un chant d'amour et de solidarité pour ce peuple de naufragés sans visages et sans voix auquel appartient la petite Padmini. L'autre jour, un ami m'écrivait qu'au terme de l'une de ces réunions vespérales, la fillette avait prononcé un superbe compliment. Se tournant vers ses frères et soeurs de misère, elle s'était soudain exclamée : « A présent, nous ne sommes plus seuls. »

Puissent ce livre et cet album vous convaincre qu'elle a dit vrai.

Dernière minute :
le « Plan Cité de la Joie »

Bouleversés par la lecture de *la Cité de la Joie,* les responsables de la ville de Calcutta et un comité de citoyens viennent de mettre sur pied un plan d'action destiné à transformer radicalement, en dix ans, les conditions de vie dans leur cité. Ils ont baptisé ce projet : *Plan Cité de la Joie.*

Les dépenses consacrées à ce gigantesque effort s'élèveront à plus d'un milliard et demi de dollars dont une grande partie sera assumée par le gouvernement central de New Delhi sous l'autorité du Premier Ministre Rajiv Gandhi.

Les premiers travaux consisteront à raccorder à un système central d'égouts quelque 18 000 fosses d'aisance primitives responsables de fréquents cas de choléra et de typhoïde. Un nouveau système d'adduction d'eau capable de fournir chaque jour 800 millions de litres d'eau potable aux 10 millions d'habitants complétera cette première tranche de travaux. Ces deux transformations bouleverseront radicalement les conditions d'hygiène dans la ville.

Le *Plan Cité de la Joie* prévoit d'innombrables autres améliorations. Mais ce n'est pas seulement aux conditions matérielles d'existence que les responsables de ce formidable projet veulent s'attaquer. C'est aussi au changement des mentalités. Mon livre a secoué la conscience des citoyens comme un électro-choc. Une campagne d'instruction civique, intitulée « Calcutta I care » (Je me soucie de Calcutta), va être lancée pour apprendre aux habitants à ne plus jeter leurs ordures dans la rue, aux automobilistes à respecter un minimum de règles de circulation, aux industriels à limiter l'empoisonnement de l'atmosphère. Rude et courageuse entreprise !

Puissent tous ces efforts transcender les luttes et déchirements politiques locaux et atteindre leur but. Pour que tous les habitants de cette ville martyre, les pauvres comme les autres, puissent enfin connaître ce que les gens de cœur appellent « la qualité de la vie ».

Dominique Lapierre

Achevé d'imprimer
le 5 novembre 1986
par Maury-Imprimeur S.A., à Malesherbes
pour Robert Laffont, à Paris.
Relié par A. Brun, à Malesherbes.

N° d'éditeur : 6032 – N° d'imprimeur : J86/19731
Dépôt légal : novembre 1986